老戏

青川县民俗表演艺术

主编 青川县文化馆

重庆大学出版社

序

青川县地处四川盆地北部边缘，川、甘、陕三省结合部，位于祖国中西部交接地带，素有"鸡鸣三省""金三角"之称。青川县历史悠久，自西汉置郡至今，建制已有两千三百多年。巴蜀文化和中原文化在这里交融，形成了青川县独特的民风民俗和丰富多彩的传统文化。青川县民间民俗表演便是青川县历史文化沉淀的表现形式之一，有很强的艺术表现力，是不可复生的、极其珍贵的文化遗产。流传下来的青川县民俗表演有狮灯、龙灯、车车灯、彩莲船、蚌壳灯、马马灯、端公舞等，这些表演都有着率真质朴的特质和未加修饰的原生态性。它们不仅是青川县民俗文化的体现，更是青川县两千三百多年风俗习惯、希望寄托、劳动生活、宗教信仰的真实写照。

2015年，青川县文化馆职工在清理文献资料时发现了"5·12"地震期间抢救出来的，由老一辈文化工作者杨平升、刘立福等搜集、整理的民俗表演文献资料《青川县民族民间舞蹈》。由于是从地震废墟中抢救出来的，该文献损毁严重，残破不全，加之是三十多年前的油印资料，很多地方已模糊不清；又因当时的记录方式落后，该文献还存在许多不准确的地方，但这些都不能降低这份文献资料的珍贵价值。为了更好地传承这份原汁原味的民俗文化，本书内容本着尊重原文献资料的原则编写而成，特别是其中的乐谱部分，以图片的方式保留和呈现了其原始面貌，故图中如有疏漏和不完善的地方，还望各位读者、专家见谅。

在历史的长河中，青川县民间文艺凝练了青川人劳动生活、爱情生活、伦理教化、风情欢娱等各方面的文化，反映了青川县人民的生活习俗以及生活态度，用极具特色的方式诠释了青川县的历史文化。然而，在我国现代经济高速发展的今天，随着社会文化的多元化发展和外来文化的冲击、影响，古老的青川县民俗正从人们的生活中消失，会表演的老一辈传承人也纷纷离世，鉴于此，重新搜集、整理民间民俗表演的工作迫在眉睫，意义重大。在青川县委常委、宣传部部长陈明忠，县文广新局党组书记、局长白培峰的高度重视下，文广新局分管副局长李小萌组织带领文化馆职工深入全县乡镇展开搜集、整理工作。经过近一年时间的努力，《老戏——青川县民俗表演艺术》即将问世，希望这部书的出版能为青川县的非物质文化遗产保护工作起到积极的推动作用，能够为青川县的文化大繁荣、大发展做出应有的贡献。

在此，向为我们留下宝贵文献资料的老一辈文化工作者说一声谢谢，向参与搜集、整理的所有文化工作者道一声辛苦！

赵姝姝

2017年12月

龍燈

一·起源与发展

相传尧、舜、禹时代，人世间天灾人祸不断，妖魔鬼怪甚多，人们在水深火热、瘟疫肆虐的条件下艰难地生活着，成千上万的穷人死于非命。一天，治理人间的伏羲老祖在南天门外碰见瘟疫童儿行踪鬼祟，就问他去哪里、干什么。瘟疫童儿回答得吞吞吐吐，支支吾吾了几句便想离去。伏羲老祖发现不对，便暗中跟随，见瘟疫童儿照例向凡间放出无数瘟魔，急忙大吼一声："瘟疫童儿哪里走？"便把手中的金龙拐杖往空中一抛，一霎间，天昏地暗，金龙拐杖在空中翻过几个跟头，便变成一条巨龙，张开血盆大口与瘟疫童儿大战七天七夜，最终吃尽凡间的瘟魔，避免了人间将遭受的又一场灾难。

后来，人们为了来年百事称心如意，便每逢正月初一至十五，各村各家都扎龙灯耍上七天，好让龙神收尽人间的瘟魔，还地方清净。

自伏羲老祖战胜瘟疫童儿以后，人们便于元宵佳节期间，用麦或谷草扎成七个或九个小草把，由七人或九人用一木棍顶上，沿村挨户要。若干年后，人们又用白土布或头巾把各个草把连接起来，龙头由两个草把交叉扎成，似龙张开大嘴。到了嘉庆年间，人们便用篾、纸、麻、糯等原料来扎龙，把篾编成背篼形，龙头扎成活龙形，再用白布把每节连起，加以彩画装饰，似活龙再生，同时配上打击乐，另外加一个耍宝的人（七节龙则八人，九节龙则十人）。再过若干年，龙灯又分支为火龙与彩龙，火龙为七节或九节，彩龙为五节。火龙每节内装有灯，头内装两支灯；彩龙因为在白天耍，所以不需要灯。

火龙内的灯，即腊辫子，其做法是：用牛皮纸搓成圆条，长度自定，把小竹块从中间破开，将纸条放入裂口处，从上至下左右往返套在竹片上，然后放在沸腾的清油里炸黄，再放到硫黄和松香的混合粉中拌匀，拿出便可用之，不易熄灭，但现代很多地方已采用电筒灯泡代之。腊辫子形状如图1-1所示。无

图1-1

论是龙灯还是其他灯，到正月十五日晚都要倒灯，传说这时龙神已经把瘟魔收完，并将其装在灯肚中，必须把灯上糊的纸撕下来烧掉，才等于把瘟魔彻底消灭，来年又重新扎。这就是正月十五倒灯、烧灯的缘故。

二·内容介绍

龙灯与其他灯舞相比别具一格。首先，它没有花灯表演音乐中那么多唱词；其次，它不像狮灯有那么多的阵法；再者，它的扎耍形式多样，因人因地因时而异。表演者以流畅自然的动作表现出龙优美的姿态，以及喜、怒、哀、乐等各种情绪，使人觉得犹如见到真龙一般，再配以和谐的伴奏，给人一种美的享受，耍龙灯成为当地人不可或缺的娱乐活动。

龙灯没有狮灯那么繁多的阵法，但它也有阵，常见的有"九龙吃水"和"新桃换旧貌"两种，其具体的摆法和破法如下。

1. 九龙吃水

摆法：在坝中放九根长板凳，板凳摆放成一排，每两凳之间相隔五尺①左右——因龙身每节约有五尺长——并在第一根板凳前放一满桶或满盆水（图1-2）。

破法：耍宝人舞宝引龙进场，先围场绕上一至两圈，然后由耍宝人在前引路，从摆好的凳子中沿如图1-2箭头所示路线快步绕行。当龙首绕至第二和第一根凳子之间时，九节龙身则依次直立于每根凳子之间。这时，耍宝人站于桶或盆前，用宝向桶或盆中一下一上地舞动，龙头也随之起伏波动，做吃水动作。当龙吃水到适当的时候，耍宝人将宝就地从左至右绕一大圈向前跑去，龙首则沿图上虚线所示方向跑去，而龙身仍要沿图中实线所示路线跑出。随后可再适当舞几下，结束此阵。

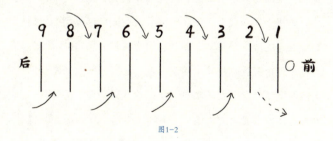

图1-2

---

① 五尺，约167厘米。——编者注

2. 新桃换旧貌

此阵只识，不破。摆法也很简单，只在坝中插一桃枝，一眼即破，吼几个吉子（也叫吼吉利）结束。

耍龙灯吼吉子是惯例，各地区的吉子各不相同，但在起灯和倒灯或破阵前必须吼吉子。例如，前进乡耍的青龙所吼的吉子是：

A   青龙今夜要出灯，众位会首要诚心；

新春佳节把你耍，保佑乡亲乐太平。

B   青龙来得喜盈盈，九龙吃水摆门庭；

风调雨顺节气和，展望五谷要丰登。

C   青龙今夜要倒灯，会首安全回家门；

青龙今夜安息后，四时太和享清平。

龙灯的扎耍形式多样，现在分为火龙和彩龙两大类。火龙是在夜间耍，正因如此，火龙才要烧花，龙神龙头内才要点灯，便于观众观看。现在大多数的龙眼内都是用的电筒灯泡。火龙的特点是好动、凶猛、力大有神、精力旺盛、气势磅礴，观众观看时精神也随之振奋，心情舒畅、兴奋。因此，火龙不但能给人以娱乐享受，还能给人以精神上的鼓舞。青川县各地皆以耍火龙为主，因它灯火映天、锣鼓喧闹、舞蹈动人，大大增加了节日的欢乐气氛，常常吸引数千人观看。

　　彩龙是在白天耍，它既不烧花，也无灯火，而是以奇特的色调点画出色彩新颖的各种颜色的彩龙。常见的彩龙有青龙、黄龙、赤龙等，它们温顺、善良、朴实无华、貌美不骄，不但给人以美的享受，而且带来了艺术上的鼓舞和激励。青川县目前耍彩龙的人较少，因为人们都想尝试一些现代化的娱乐表演。

三·音乐及演奏

　　龙灯表演所配备的伴奏乐器为打击乐器，即鼓、锣、钹、马锣。

　　耍龙灯时由于不唱，因此，锣鼓除在吼吉利时不打，其余时间都要不停地反复，随着龙灯舞动演奏。

谱子一

注："哐"代表锣声，"咚"代表鼓声，"锵"代表钹声，"当"代表马锣声。

"O"代表休息，"扯"代表钹和马锣的和声，"龙"代表鼓和马锣的和声。

火龙

一
彩龙
一

四大乐器的打法：

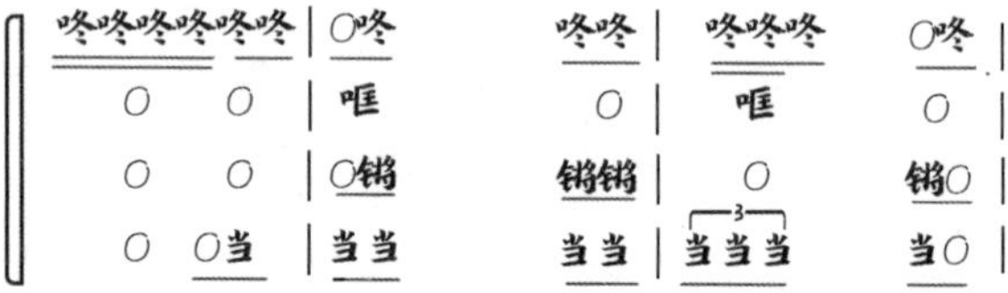

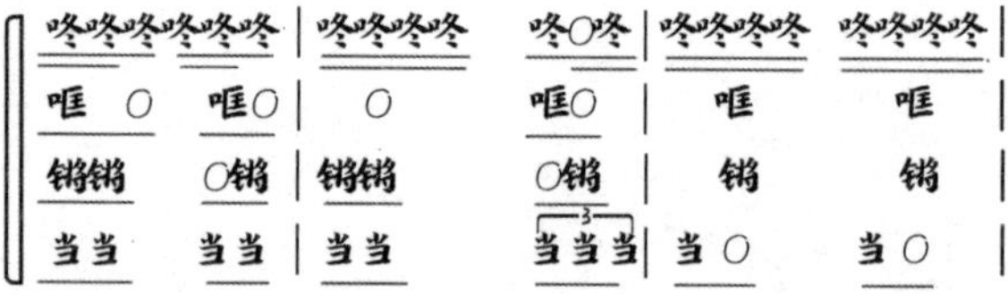

此小节再连续重复两遍

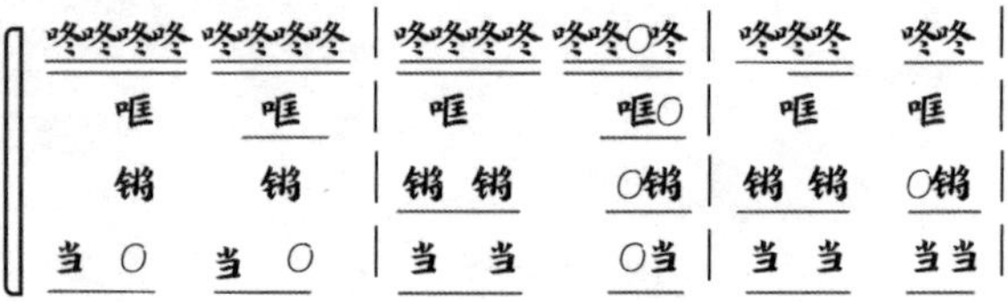

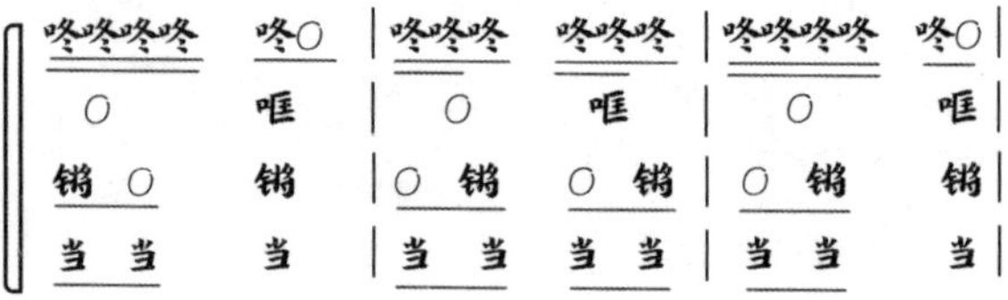

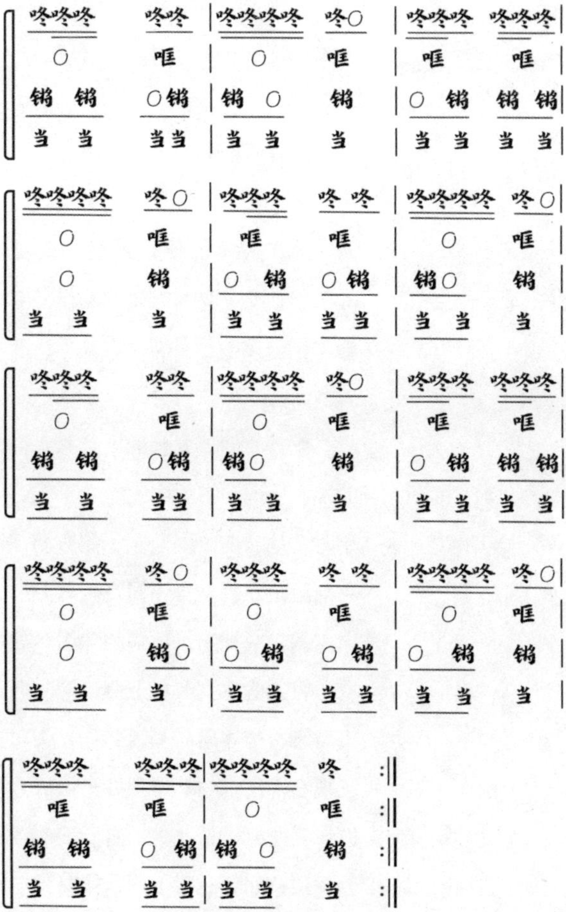
咚咚咚 咚咚 | 咚咚咚咚 咚〇 | 咚咚咚 咚咚咚 |
〇 哐 | 〇 哐 | 哐 哐 |
锵 锵 〇锵 | 锵 〇 锵 | 〇 锵 锵 锵 |
当 当 当当 | 当 当 当 | 当 当 当 当 |
咚咚咚咚 咚〇 | 咚咚咚 咚 咚 | 咚咚咚咚 咚〇 |
〇 哐 | 哐 哐 | 〇 哐 |
〇 锵 | 〇 锵 〇 锵 | 锵〇 锵 |
当 当 当 | 当 当 当 当 | 当 当 当 |
咚咚咚 咚咚 | 咚咚咚咚 咚〇 | 咚咚咚 咚咚咚 |
〇 哐 | 〇 哐 | 哐 哐 |
锵 锵 〇锵 | 锵〇 锵 | 〇 锵 锵 锵 |
当 当 当当 | 当 当 当 | 当 当 当 当 |
咚咚咚咚 咚〇 | 咚咚咚 咚 咚 | 咚咚咚咚 咚〇 |
〇 哐 | 〇 哐 | 〇 哐 |
〇 锵〇 | 〇 锵 〇 锵 | 〇 锵 锵 |
当 当 当 | 当 当 当 当 | 当 当 当 |
咚咚咚 咚咚咚 | 咚咚咚咚 咚 :||
哐 哐 | 〇 哐 :||
锵 锵 〇 锵 | 锵 〇 锵 :||
当 当 当 当 | 当 当 当 :||

谱子二

四·基本舞蹈动作

不论是耍火龙还是彩龙，主要动作都是如下三种（跳时都和着锣鼓进行）。

1. 雪花盖顶

为了叙述简便，这里只说耍龙头的动作，耍龙身和龙尾的动作与耍龙头的动作一样，只是动作的幅度逐渐减小、减弱而已。

龙首（即耍龙头的人）双手握住耍龙棒，一般是右手在上，左手在下。开始时，从右前上侧向左下侧舞动，同时向前迈出左脚，身体向左侧转45°，头向左偏，眼视左下离脚约50厘米处；接着，将龙头舞到右后下侧，同时向前迈出右脚，身体向右侧转45°，头向左偏，眼视右下离脚约50厘米处；最后，双手握住耍龙棒，把龙头由右后下侧经右后侧头顶拉回到左后下侧，同时又向前迈出左脚，与开始动作相同。如此反复玩耍进行。

龙尾随着龙头和龙身的舞动左右摆

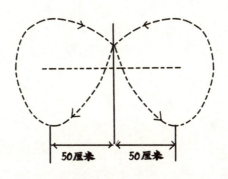

图1-3

动，步法是左滑步和右滑步，行动要迅速。

龙头舞动路线如图1-3所示。

龙身则随着龙头舞动的路线移动，在玩耍时，要舞得流畅、柔美、自然，让观众看到一条活灵活现的龙。

2.苦竹盘根

耍龙者把龙举在头顶之上，排成一条直线，龙首双手握住耍龙棒。

①若要表现龙在缓慢蠕动，平静而行，则须龙首双手握住耍龙棒，将龙头从头顶经右前侧（也可以从左前侧开始，与此绕向相反方向）绕至脚下；同时，右脚向前迈一步，左脚跟半步，然后提起右脚，当绕到脚下时，右脚跨过龙身；

015

同时左脚一个中跳，跳过龙身，使龙身从脚下顺利绕过，又从左侧由下而上绕过头顶，重复之前的动作；同时左脚跳起，右脚落地，随着左、右、左的顺序依次往前迈，当龙头又绕至脚下，再提起右脚跨越，左脚中跳，如此反复进行。此动作要做得缓慢、流畅，协调一致。

②若要表现出龙在激烈、凶猛、狂躁地运动，则须龙首双手握住要龙棒，将龙头从头顶经右前侧（一般是从右侧，但也可从左侧开始）绕至脚下时，直接提起右脚跨过龙身，左脚一个中跳，身体自然向前俯，跳过绕至脚下的龙身。龙身与龙首舞动的路线一样，动作也相同。

龙头舞动路线如图1-4所示。

此动作要做得迅速、有力，给人以真实的活龙猛跃的印象。动作仍要求流畅，协调一致。

图1-4

3.黄龙缠腰（以九节为例）

耍龙者所持的耍龙棒与人体构成75°夹角。两肩自然下垂，大小臂之间成90°角，所举的龙离地约一米，都斜举在右侧。表演开始，以龙头为圆心，按逆时针方向快步跑动，逐渐绕成一个大圆盘形。绕圈时，龙身离地高度保持不变，当盘成一个大圆圈时，突然将龙头高高举起，龙首迅速从第二、第三节龙身中间跨过，接着又从第二圈的第六、第七节龙身中间跨出，向前直跑；耍第二节的人紧跟着龙首，从第三、第四节，以及第七、第八节之间跨过；其后的成员依次跑出。凡遇应跨处，都要把龙身降低，以便他人跨过；跨跳者则高举龙身，所有人迅速将龙拉成一条直线，然后又继续重复此动作（图1-5）。

此动作要迅速、自然，给观众一种盘曲而卧的饿龙突然向食物猛扑而去的印象。

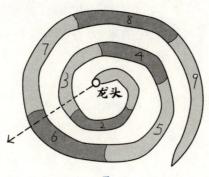

图1-5

4. 耍宝

耍宝的动作，即"舞宝步"的走法是：耍宝者双手握住耍宝棒，步伐和动作均与耍龙的"雪花盖顶"相同，只是耍宝时要面对龙头，退着跳，动作要滑稽灵活。

五·舞蹈场记说明

1. 舞蹈场地

舞蹈场地主要包括舞台、院坝、街道等。

2. 舞蹈时间

每年的正月初九至十五是舞蹈的时间，不过现在许多地方都是初二或初三就起灯了。

3. 舞蹈程序

（1）从图1-6中舞台标记为"6"的角落（即舞台的左后角）出场，耍宝

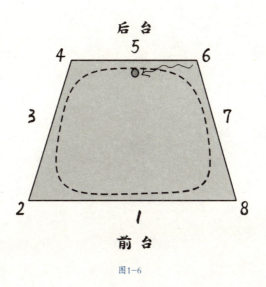

图1-6

者在前，龙在后。耍宝者的动作为双手持耍宝棒，右手在上，左手在下，持宝于右上侧，头微侧向左面，身体稍向左倾。

耍龙者的动作与耍宝者出场的动作相同，使一条龙直躺在耍龙者的右上侧。

（2）表演时演员绕场一周，走至"5"的位置，耍宝者面向龙，开始走舞宝步。这时龙可耍"雪花盖顶"，也可舞"苦竹盘根"，根据实际情况选择表演。

（3）退场时，由耍宝者引龙做出场动作，从台"4"处下场。若是在某家某队耍毕，耍宝者则要到主人家去进宝（收礼信），此时龙不去。

六 · 服装与道具

1. 服装

舞龙者着彩衣、彩裤各一件，彩巾一条，颜色不论。

2. 道具

龙一条，即龙头、龙尾各一个，龙身设置成三节（彩龙）、五节、七节、九节皆可。龙皮一张，耍青龙或黄龙时就用相应颜色的布，并在其上画出鳞甲。

龙头、龙尾及龙身只需用篾、纸、糯、麻、木棒（各为许多）即可做成，其中还要安放腊辫子，作为火龙的灯。

宝一个，用中号铁丝编成一个空心圆球，四周用红色薄塑料纸敷严，也可在顶部留一小孔（做成火孔），架子用大号铁丝做成，把子用竹或木棒都可，尺寸样式如图1-7所示。

排灯和重灯各两个。

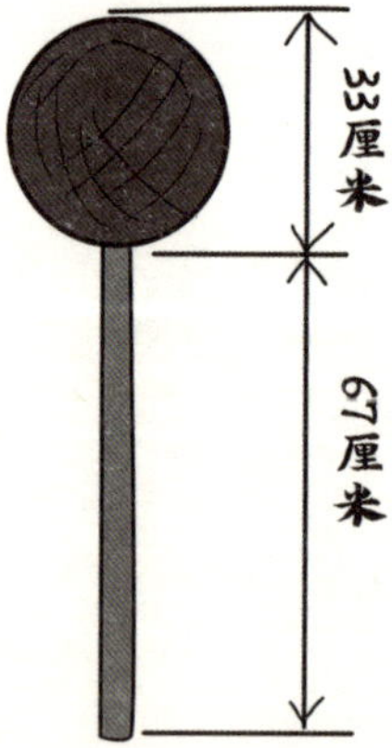

图1-7

七·人员配备

　　如果是耍九节火龙，需要配备耍宝者一人，各节一人，伴奏四人，共十四人；如果是耍七节火龙则需十二人。

　　如果是耍五节彩龙，则需要配备耍宝者一人，龙头一人，另四节两人耍（因此彩龙每节间距较短），加上伴奏四人，共八人。

瘟
魔

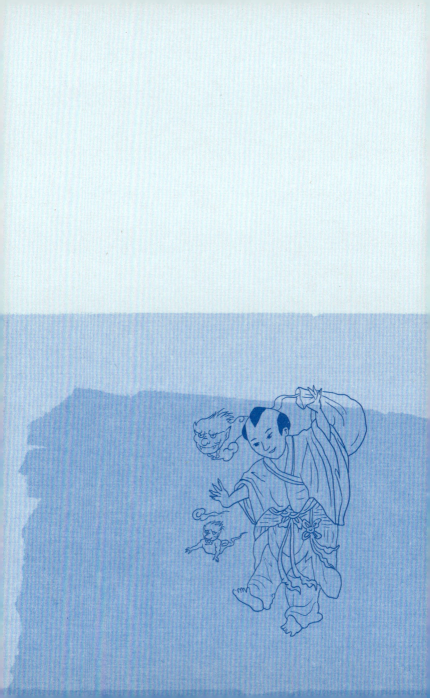

花燈

第一章

青川县的花灯，造型精致美观，内容、含义、形式等都不同于其他地方的花灯。车车灯、马马灯、蚌壳灯、彩莲船四种灯舞音乐相同，动作相似，加之各灯舞四周所配照明的小灯笼外形别致、色彩斑斓，故以"花"为名，统称花灯。

花灯中，形如"轿"者为"车车灯"，形如"马"者为"马马灯"，形如"蚌壳"者为"蚌壳灯"，形如"船"者为"彩莲船"。

青川县的青溪、桥楼、三锅、沙洲、骑马、房石、关庄、乐安等地均有灯舞流传。其动作优雅、协调，轻柔、奔放，三花脸（书生）表演动作诙谐、滑稽，常引人捧腹大笑。

以前，每年闹元宵即为"赶花会"。赶花会时，各色各样的花灯便会出灯，于各乡、各村留下阵阵欢笑。如今，青川县人玩花灯于正月初二出灯，十五倒灯。

花灯的音乐采用歌者演唱和锣鼓伴奏相间的形式，即唱一段词，打一折锣鼓。

花灯的锣鼓伴奏如下：

谱一（两百分）

‖:当当当当 壮当壮当｜壮壮 当当 锵 壮 当 当｜

壮当锵当 当壮锵当｜壮〇 〇‖（咚不当咚 壮〇）:‖

谱二（扭扭板）

‖:咚不当咚 〇咚当壮｜〇咚当当 〇咚当壮当壮｜

当锵壮当锵 当锵哐锵｜哐锵哐锵 当壮锵当壮｜

〇咚当锵 〇当壮‖（咚不当咚 壮〇）:‖

谱三

‖:〇当壮 〇咚锵当壮｜当壮当壮 锵当哐锵｜

哐锵当锵 锵当壮‖（咚不当咚 壮〇）:‖

谱子三

注:"哐"代表锣声，"咚"代表鼓声，"锵"代表钹声，"当"代表马锣声。"壮"

代表锣和钹的和声，"不"代表鼓、钹和马锣的和声，"〇"代表休息停顿。

花灯中的唱腔如下：

洛 阳 桥

谱子四

A 正月里闹元宵，状元要修洛阳桥，月儿月，洛阳桥你万丈高。

B 二月里百花开，南京文书到此来，月儿月，洛阳桥你要修开。

C 三月里是清明，南京文书到此来，月儿月，阳雀过海远传名。

D　四月里四月八，状元无钱不修它，月儿月，你挣到了银钱再修它。

E　五月里五端阳，状元无钱修洛阳，月儿月，美酒刷到桥梁上。

F　六月里三伏天，观音老母下凡间，月儿月，凡间当了女神仙。

G　七月里七月半，洛阳桥儿修半边，月儿月，二边栽起石栏杆。

H　八月里是中秋，张郎架桥鲁班修，月儿月，黎山老母在后头。

I　九月里菊花开，洛阳桥儿要修九十九道拐，月儿月，花花世界谁不爱。

J　十月里十月一，洛阳桥儿要修起，月儿月，千猪百羊万石米。

K　冬月里雪花飘，八洞神仙来采桥，月儿月，只问桥儿牢不牢。

L　腊月里够一年，洛阳桥儿修完全，月儿月，修桥要数蔡状元。

谱子五

A　一杯酒正月正,朱洪武打马下南京。保驾将军赴大海,开路先锋常玉春。

B　二杯酒龙抬头,官家小姐抛绣球。绣球单打薛平贵,薛家辈辈出诸侯。

C　三杯酒桃花红,万马阵中赵子龙。长坂坡前保幼主,万马营中逞英雄。

D　四杯酒四月八,端午娘娘去采桑。桑叶挂在桑树上,不见夫君泪汪汪。

E　五杯酒五端阳,刘秀十二走南洋。姚期马武双救驾,二十八宿闹昆阳。

F　六杯酒热难当，李逵下山访宋江。头把椅子晁盖坐，二把椅子数宋江。

G　七杯酒秋风凉，程咬金披发闹君堂。银河割断两分离，司马投亲效君王。

H　八杯酒是中秋，杨广观花到扬州。杨广观花扬州死，半世江山一旦丢。

I　九杯酒菊花黄，造孽不过李二娘。白天挑水千百担，晚上推磨到天亮。

J　十杯酒十月一，孟姜女儿送寒衣。寒衣送到长城地，不见夫君好惨凄。

K　十一杯酒小当寒，周瑜用计献连环。孔明屈指把卦算，曹操领兵下江南。

L　十二杯酒够一年，刘备关张结桃园。英雄徐州幸相会，古城相会又团圆。

曲三
1=A 2/4　　十杯酒

（1）一杯　酒（儿）起（呀），分为　两兄　弟（呀），眼泪（儿）滴在
（2）二杯　酒（儿）唱，梁兄　对妹　说，前世　姻缘

杯子　里，那话　不消　提，（依得依呀）（呀得呀呵）
如刀　割，不过　真不　过，（一 ㄙ ㄥ）（ㄙ ㄥ ㄙ ㄥ）

那话　不消　提（呵）

谱子六

A　一杯酒起，分为两兄弟，眼泪滴在杯子里，那话不消提。

B　二杯酒唱，梁兄对妹说，前世姻缘如刀割，不过真不过。

C　三杯酒三，梁兄听我言，身披一件好衣衫，别处配姻缘。

D　四杯酒双，梁兄无主张，把一个美人说成双，奴来恭贺你。

E　五杯酒黄，梁兄在学堂，手拿笔杆做文章，莫把奴思想。

F　六杯酒六，戒子六对六，金丝打来银丝扭，情丢意不丢。

G　七杯酒七，梁兄回家去，回家说个美貌妻，奴来恭贺你。

H　八杯酒盅，分为两相公，郎在西来妹在东，姻缘一场空。

I　九杯酒九，拉到梁兄手，你是我家好朋友，咋个舍得丢。

J　十杯酒鲜，梁兄泪涟涟，死了埋在南山大路边，来去好划拳。

谱子七

A　我正月不来二月来，二月的个来了花才开，三月的
桃花红似海。四月间葡萄花架上开。

B　我五月珍球赛玛瑙，六月间荷花正在开，七月的莲
台水上采。风吹八月桂花开。

C　我九月菊花家家有，十月间芙蓉正在开，冬月的腊
月无花说。霜打梅花遍地开。

车车灯与其他三种灯舞的唱腔远不止上述四种，另有《双探妹》《绣荷包》《十八扇儿》《南桥戏水》等，其动作也不固定，随着谱曲由表演者自由发挥。活动场地不限，广场、舞台、场院、街道等均可。

第一节·车车灯／一·起源与发展

车车灯属于花灯的一种，传说以赵匡胤三兄弟三接桃三春为背景而来。

相传北宋年间，赵匡胤兄弟三人——赵匡胤、鲁正恩（又名郑子云）、高怀德——到外地逃难。

一天，三伏天气热难当，兄弟三人走得肚饥人困。鲁正恩见一山寨附近有一片瓜地，便偷了三个西瓜，正准备往回走，被一妙龄少女挡住。"话不投机半句多"，双方打了起来。鲁正恩见对方寒剑逼人，转身正想逃，恰逢赵匡胤和高怀德前来，几番劝解后，此少女脸色大变，主动道歉，并引兄弟三人于寨中歇息，此少女便是寨主桃三春。

兄弟三人住了几日，准备离开，赵匡胤出面为鲁正恩牵了红线，桃三春要求鲁来年元宵来接。

一晃来年元宵来临,赵匡胤打发鲁正恩去接桃三春。鲁走到半路一想,自己一人去接,难免要争吵起来,而且总不可能让对方走回去,想着便偷偷回去了。第二日,赵派鲁、高二人前去,两人抬起花轿一路欢笑,当走至半路,高怀德想:鲁正恩上次与她争打,这次去肯定要费很多口舌,便悄悄溜回,鲁无法一人前往,也再次回去。

再过一日,元宵即到,赵匡胤急得不行,再次打发他二人前去,称自己随后就到。二人来到寨子,热闹几日便回。

在回转的路上,鲁在前手持三角橹开路,高于后推车(轿子),历尽艰辛。

后来,人们从此故事得到启发,便扎起轿子玩车车灯,以展现农村接亲嫁娶的热闹场面。

很早以前,车车灯前饰演鲁正恩的演员手持三角橹开道,车后饰演高怀德的车夫推车。而今,前者已由书生代替,手持桃花扇,身着秀才服。

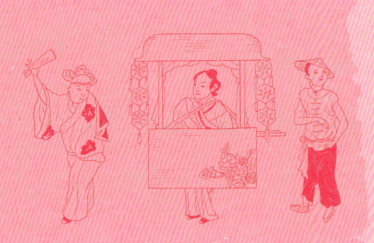

一
奎
车
灯

二·基本舞蹈动作

1. 交叉步（四小节，即八拍完成）

　　交叉步为书生的基本步法之一。第一、第二拍先出左脚，后起右脚，与左脚交叉时身体自然弯曲倾向左边。随左脚的动作，左手撩掌；随右脚的动作，右手再放于胸前作双晃手伸向左边，比左肩略低，眼看左手（图2-1、图2-2）。

　　第三、第四拍，与前两拍动作相反，以后每四拍重复上述动作。

图2-1　　　　　　图2-2

2. 骑马步

骑马步也是书生的基本动作之一，传说是鲁正恩持三角橹开路而得。现在的书生手持桃花扇做此动作时，给人一种优哉游哉的感觉。

骑马步分四拍完成。第一、第二拍出左脚，脚跨出后便以逆时针方向绕一周再伸向前着地，右手持扇子，手不停地摇曳（图2-3、图2-4）。

第三、第四拍出右脚，动作与之前的相反。

3. 车心步（轿中人的步法）

车心子因钻入轿内，只能现出面部，其动作必受轿子束缚，所以只能从面部表情以及轿子运动规律来体现其动作。

车心子的步法为十字步法（即走两步退两小步）。演员手上拿一手巾，不时做遮面动作。车心子的运动路线随书生行走的路径，两者相距适度，一般在一米左右。

4. 车夫动作

车夫动作与车心子是协调一致的，其步法相同，但幅度较大。车夫手持由竹棒制作的车柄，其动作则随脚跨出角度

图2-3   图2-4   图2-5

不同而作顺/逆时针方向摇动——若起左脚，则身子左倾，眼看轿子，双手同时以顺时针方向摇两圈；若出右脚，则方向相反（图2-5）。

5. 跑灯步（六拍完成）

这一动作是书生、车心子、车夫的共同协调动作。第一、第二拍，书生猛踏一脚（右脚），顺势向右转360°做小步跑，车心子和车夫跟在其后。

第三至第六拍，书生跑两拍停下，猛踏左脚转身以骑马步（交叉步也可）退回原地，车心子、车夫以十字步退回。音乐采用曲一、曲二、曲三、曲四等任意一种，伴奏锣鼓不论。

三·舞蹈场记说明

音乐：曲一、曲二、曲三、曲四等，伴奏锣鼓不论。

1. S形前进路线

S形路线表示运行道路曲折迂回。

第一、第二拍，准备动作，书生在前，车心子在中间，车夫在后，站成竖排于出场口（图2-6）。

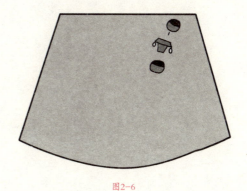

图2-6

第三至第十拍，三者以小跑步绕院跑两圈（图2-7），然后书生以骑马步或交叉步走S形，车心子和车夫以十字步随后（图2-8），行走时间由表演者决定。

图2-7

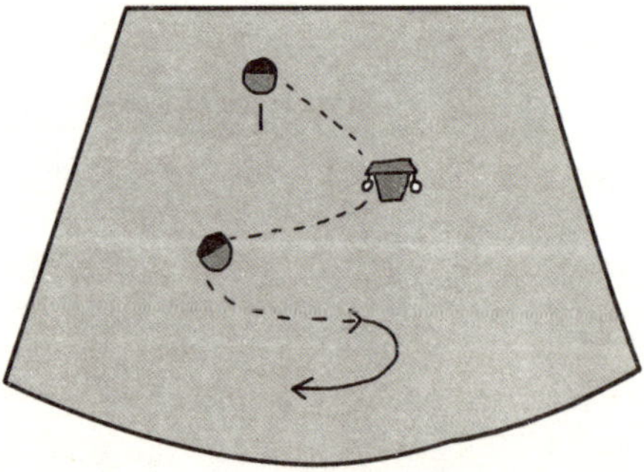

图2-8

2. 8字形路线

准备动作与出场位置均与S形路线相同，只在后面行走时路线如8字形（图2-9），其时间由表演者掌控。

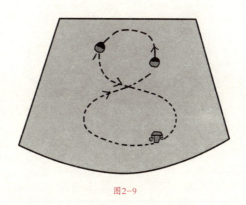

图2-9

3. 跑灯步

准备动作与出场位置同前。出场后，在书生的提示下三者向前小跑两拍，然后退回原位（书生以骑马步或交叉步退回，车心子与车夫以十字步退回）（图2-10、图2-11）。

图2-10

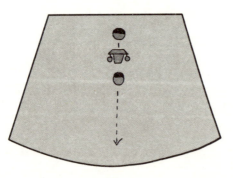

图2-11

四·服装与道具

1. 服装

书生作秀才打扮（若化妆则为丑角）。

车心子表演者作古代小姐打扮，身着红袍、红裤，脚穿绣花鞋。

车夫表演者头戴草帽，穿白汗褂一件，扎红色腰带，穿黑色裤子和草鞋。

其他人员可随意打扮。

2. 道具

轿子一顶、画扇一把、墨镜一副。

五·人员配备

车车灯中，会首一名、锣鼓伴奏四人、持排灯四人、书生一人、车心子一人、车夫一人、预备替换者三人，共十五人。

六·扎法及用法

　　车车灯由纸、竹、麻、糨等原料制成。将竹破成小篾，用麻裹成轿子形，然后糊上纸加以彩画装饰（图2-12）。

　　车车灯是由车心子用双肩挂着麻绳前进的。车心子从下边钻入篾圈内，将篾圈上的两根较粗的麻绳交叉套在肩上。

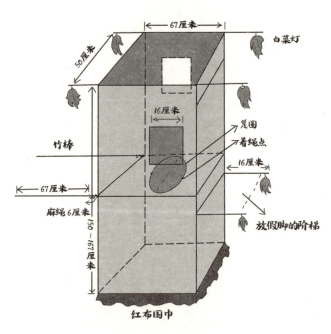

图2-12

第二节·马马灯 ／ 一·起源与发展

马马灯舞出自《火龙传·赵匡胤从亲妹》①一书。

相传于北宋年间，有一窈窕少女赵京妹被家事所逼，远逃家乡，来到长安附近。

一日，一伙山寨草寇将赵京妹抢去，强迫其成亲，她死也不从，当地百姓深为京妹惋惜。恰逢赵匡胤与高怀德（赵匡胤的妹夫）逃难于此，闻知此事，深感不平，带着高怀德打上山来准备救回京妹。

这山寨王确也有几手武艺，赵匡胤兄弟二人从早战到夕阳西下也不能取胜，况一日未进食，渐渐觉得力有不济。这时山下河边的卖油郎鲁正恩（郑子云）正在洗油桶，见山上杀得火热，自己又听说京妹被抢之事，便放下油桶，顺手拔起一棵大树，提上冲到山顶，一阵乱战，赶走寨主，救回京妹。

京妹见赵匡胤仪表堂堂，又是自己的救命恩人，爱慕之情油然而生，几番祈求与赵匡胤成亲。赵匡胤想到自己

①此书非近代出版物，原始资料如此。——编者注

一　赵匡胤战韦寇

与京妹同宗姓赵，而救她实为打抱不平，别无他意，便多次拒绝。四人来到黄土岗董家庙，赵匡胤与京妹结为兄妹，赵、高、鲁三人结拜为兄弟。

后来，赵匡胤、高怀德二人把京妹送回原籍，使京妹一家人团聚。

又过了若干年，赵匡胤做了皇帝。他在位期间，发展农业生产、操练兵马、清缴草寇，并且打了十八年的仗，人们因此称他"马上皇帝"。

后人为了纪念赵匡胤见义勇为、急他人之所急的高尚情操，扎起了马马灯。

马马灯从始至今，不断演变，发展成三匹马（分别饰演赵匡胤、赵京妹、高怀德）和一个三花脸的形式——这是最早的一种；也有四匹马和一个三花脸的形式，多的一匹马为鲁正恩所骑；还有八匹马和一个三花脸的形式——八匹马象征"八仙庆寿"中的八仙。虽然形式不止一种，但还是赵匡胤救京妹的形式较多，故本舞蹈只介绍有关"赵匡胤送京妹"中的一些基本动作。

马马灯以纸马道具为特征，其动作是从骑马动作引申而来，动作中跳、跑的动作较多，显得奔放、有气势，而三花脸的动作又很滑稽，给人以幽默有趣的感觉。

马马灯的表演不受场地的限制，广场、场院、舞台等均可，但一般应有较宽敞的场地才能开展表演。马马灯的音乐即花灯音乐，表演时间同车车灯。

二 · 基本舞蹈动作

1. 三花脸的步法（跑跳步）

演员左手拿着身前吊着的红色腰带（长约67厘米），右手持桃花扇，在马前左右方跑跳。这一动作是在几匹马"穿花"时跳，四拍完成。

第一、第二拍，三花脸面对马，出左脚小跑三步，第四步抬起右脚，使大腿和地面平行，脚尖内扣，左脚垫一步，然后放下右脚，又向左跑（图2-13、图2-14）。右手不停地摇扇子，左手提腰带。

第三、第四拍，动作与前相反。

2. 骑马者的步法（马跳步）

骑马者右脚放于左脚前，两脚用力，向前小跑，身体略前倾，脚尖着地，身子向后倾，左手持马缰绳不停地摇，右手持马鞭举于头顶，以顺时针方向挥动（图2-15）。本步法节拍由表演者决定。

图2-13   图2-14   图2-15

3. 跳大圈（出场舞）

跳大圈这个动作，表演者每到新的一家都要做。伴锣鼓声起便出场，三花脸以小跑步行进，而骑马者却以小跳步绕场院两圈，在骑马者继续以小跳步表演的时候，三花脸跳出，于旁边以跑跳步左右逗戏马。

骑马者一人插盘龙棍，饰演赵匡胤；一人提花枪一杆，饰演高怀德。两人各持一根马鞭出场。

音乐由花灯谱（锣鼓）和曲（唱腔）组成，节拍由表演者决定。

<h1>三·舞蹈场记说明</h1>

马 三花脸

1. 跳大圈

节拍由表演者决定。随锣鼓起，三花脸与马站成一竖排（图2-16）。

随锣鼓节奏，三花脸以小跑步出场，马依次晚一拍出场，绕台跑两圈（图2-17）。

三花脸跑两圈后跳出，逗戏马并以跑跳步运动（图2-18）。

2. 穿花

出场同前，绕场地跑两圈。三花脸和马均跑两圈后，三花脸便沿如图2-19所示的路线跑。跑完一次后，三花脸跑至场地一侧，在马四周以跑跳步逗戏，而马继续沿如图2-19、图2-20所示的路线以小跳步前进。

图2-16

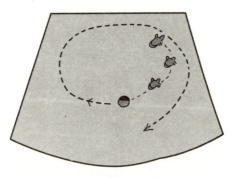

图2-17

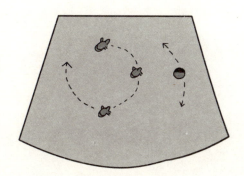

图2-18

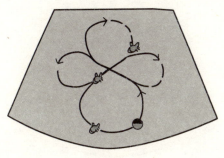

图2-19

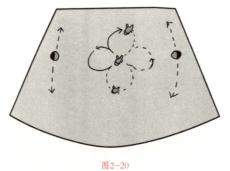

图2-20

3. 8字形路线

动作同前，前进路线为8字形，如图2-21所示。

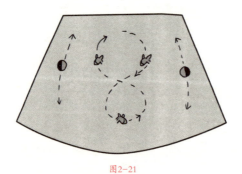

图2-21

四·服装与道具

1.服装

三花脸头戴草帽，身穿彩袍，腰扎红带，手持桃花扇。骑马者身穿竖格长袍、红色裤子。饰演赵京妹者，为古代小姐打扮。其他人员不论。

2.道具

草帽一顶、桃花扇一把、墨镜或其他眼镜一副、马三匹、盘龙棍一根（赵匡胤饰演者使用）、花枪一杆（高怀德饰演者使用）、马鞭三根。

五·人员配备

会首一人、伴奏四人、持排灯四人、三花脸一人、骑马三人、预备四人，共十七人。

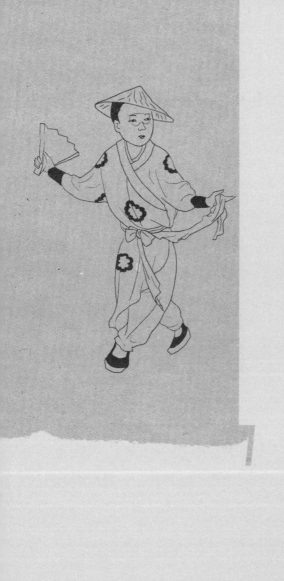

马马灯

六·扎法及用法

以竹、纸、麻、糨糊为原料，用竹篾编成马形（中间背与腹部各留一串圆孔，长约67厘米，宽50厘米，然后糊纸并加以彩画）。马与马的腹部之间用16厘米的红布连接。骑马者从马的腹部或者背部进入，将背部上的两根麻绳交叉套在肩上，然后穿上彩袍，即似骑在马背上。

第三节 · 彩莲船 / 一 · 起源与发展

彩莲船是根据"陈姑赶潘"的故事而来的。

自幼多病、被父母兄长送去尼姑庵当尼姑的少女陈妙常，长着桃红脸蛋，窈窕美貌，引得许多花花公子接踵而至。

在一个明月高挂的夜晚，陈姑因思念父母兄长到庵院内烧夜香，恰逢书生潘必生正在院内赏月，两人偶然相见，各自产生爱慕之情。潘生回屋，夜不能寐，辗转反侧，天明便求姑妈（尼姑庵负责人）帮忙。姑妈一听，甚怒，大骂侄子不学无术，败坏庵内名声，一气之下便把侄子送出庵外。

潘生离开尼姑庵，急坏了陈姑，连夜偷跑追赶潘生。一日来到秋江河畔，见潘生已乘船到河心，便求一老翁渡河，而老翁笑道："老汉今年九十九，没见尼姑追郎友。"

潘生而后经过乡试、府试，取得了功名，身居朝廷要职。

彩莲船正是反映陈姑不畏封建思想的束缚，逃出尼姑庵，于秋江河中乘船追赶潘生的场面，赞扬了陈姑敢于同封建思想决裂的可贵精神。后人便以玩彩莲船来表达男女间的纯真爱情。

彩莲船以前为两只船一前一后（陈姑追赶潘生），其唱腔以对唱较多，后来人们只取其后，陈姑乘船追赶潘生，也表现出陈姑当时的矛盾心理。

彩莲船灯舞以广场、院坝、街道为舞台，动作模仿划船的一整套动作（划船、摇橹等），其动作大方、轻柔，船速快慢结合（打锣鼓时快，唱时慢），船身起伏，体现出陈姑于波浪滔滔的秋江河追赶潘生的动人情景。

二·基本舞蹈动作

1.凯旋步（两小节完成）

凯旋步为艄公的动作之一，随锣鼓节拍舞动。

第一小节出右脚，吸腿，提橹于胸前，身体倾斜45°（图2-22）。肌肉放松，按顺时针方向画弧90°，脚着于左前方一大步。身体自然弯曲，侧向左方，右手持橹头，左手持橹颈，将橹从身前由高至低划向左后方，眼看橹尖（图2-23）。第二小节出左脚，同时换手，左手持橹头，右手持橹颈，其动作与前相反。以后随锣鼓重复此动作。

2. 摇橹步（四小节完成）

摇橹步也为艄公动作，伴唱腔而动。

第一小节做左凯旋步。

第二小节接第一小节，双手持橹于左后方，双手于胸前按顺时针方向做圆周运动（次数由表演者掌握），身体相应做起伏运动（图2-24）。

第三、第四小节动作与前相反。

图2-22   图2-23   图2-24

3. 船心子动作

船心子以十字步前进，每步跨出，双手沿船边做上下摇摆动作。

船　艄公

音乐即花灯谱与曲。

随锣鼓起，艄公与船心子排为竖排，艄公前一拍入场（图2-25）。艄公持橹，以小跑绕场地跑两圈，手上持橹做左右划桨动作，每一拍划一次桨，船心子跟随其后（图2-26）。

跑两圈后，艄公以凯旋步走8字形路线，船心子走十字步跟随其后（图2-27）。每段唱腔后的锣鼓伴奏中，表演者均按此步法走。步法快慢由表演者掌控，至锣鼓结束为止。

锣鼓伴奏完毕，船心子唱，步法同前，路线则按S形前进。艄公以摇橹步前进（每段唱词中均按此动作）（图2-28）。

歌词唱毕，伴锣鼓声按出场动作回场。

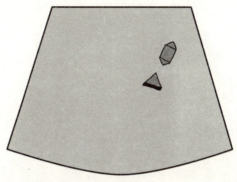

图2-25

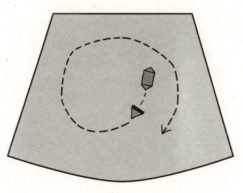

图2-26

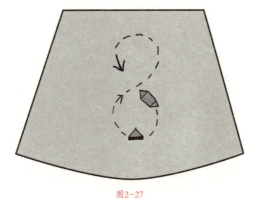

图2-27

图2-28

四·服装与道具

1.服装

　　艄公头戴草帽一顶，身着彩袍，下着红色彩裤，脚穿草鞋。船心子为古代小姐打扮。

2.道具

　　船一只、橹一根、手巾一张（船心子拿在手上）。

五·人员配备

　　会首一人、伴奏四人、拿排灯四人、艄公一人、船心子一人、预备二人，共十三人。

陈姑划船

第四节·蚌壳灯／一·起源与发展

相传清朝乾隆年间，乾隆为给母亲祝寿，要做一个百宝龙凤灯。数日之后，装宝九十八件，只差珍珠串和碎玉衫两宝。这时有臣奏与乾隆，此两宝能在福建、台湾等地找到，于是乾隆下令曾在台湾打过仗的姜建林前去征收两宝。

且说姜建林的幺爸姜碧正在福建花村靠打鱼为生。一天，姜碧正去钓鱼，在海滩上却看见鹬和蚌正在私会，姜渔翁便跑去捉奸，可鹬、蚌二精却说："老渔翁，你不必拿我们，你辛苦了一辈子，晚年也应该享福才是。我们各有一宝送你，你交给你侄儿，保你万福。"说罢，鹬便把碎玉衫送他，蚌也把珍珠串送他。姜碧正拿了两宝交与侄儿。祝寿之后，母亲觉得十分满意，乾隆便赏赐了献宝众人，姜碧正也因此受到了重赏。

后来，辛劳的人们为了来年百事顺意，人人晚年幸福，便每逢正月都要扎蚌壳灯来耍，以求得福利，保佑家业富贵。

二·舞蹈内容介绍

传说在清朝乾隆年间，就开始有人扎蚌壳灯了。耍蚌壳灯的时间是每年正月初三至十五的晚上，场地多种多样，无论是舞台、广场、院坝，还是街道等，都可以进行表演。

耍蚌壳灯需要较多的灯具，一般要八个。行走中的顺序是火星、白鹤灯、芭蕉灯、红色的梅花灯、白色的梅花灯、芭蕉灯、白鹤灯，最后又是火星。火星内装有钢炭，表演者抡臂画圆或横8字形开路，火花四射。其余各灯则由表演者双手举着走，当走到一个表演场地时，分别站于表演场地的两旁。

表演中，以鹬和蚌代表一男一女两青年，通过各种动作，表现出他们热爱生活、憧憬未来、风华正茂、血气方刚，充满了生命活力的形象。以渔翁代表老者、长辈，当他看到后代健壮有力又和睦，并且真诚相爱，表现出一种油然而生的自豪感。

蚌壳灯颇具特色，很能体现民间舞蹈的特点。耍蚌壳灯的动作较为简单，只有几个动作反复，因此，观看蚌壳灯除了看其动作表演外，还要注重唱词，通过舞蹈和音乐共同来感受。

三·音乐及演奏

蚌壳灯的背景音乐是花灯谱，即锣、鼓、钹和马锣四大乐器合奏，其打法与车车灯的锣鼓打法相同。

曲调唱词除了车车灯章节中列举的以外，还有《月儿落西下》《二面麻柳叶》《卖香茶》《十树梅花九树开》等。曲调唱词极多，这里略举几例加以说明。因唱词太长，此处省去。

曲一： 新修房子陈高楼

1＝G · 2/4

5 5 6 | 5 6 1 | 1 · 2 3 | 2 2 — |

2 1 6 | 5 5 6 1 | 2 1 6 1 6 | 5 5 0 ‖

曲二： 花花扇儿摇

1＝C 2/4

1 · 6 1 2 3 | 1 6 · | 2 1 2 6 1 6 | 2 — |

2 1 2 6 6 1 | 2 1 6 | 5 6 |

1 · 2 3 | 6 5 6 1 | 1 1 6 1 6 | 5 5 0 ‖

谱子八

　　表演时，一折锣鼓一段唱腔交替进行，锣鼓重复，而唱词却不能重复。舞蹈者的脚要合上锣鼓音乐的节拍，但究竟哪一拍踩在台中哪一个位置却没有规定。

四·基本舞蹈动作

1. 蚌壳

蚌壳的基本动作有以下两种：

（1）三亮九转步

蚌壳先直立，并张开亮相，紧接着合拢。随后，蚌壳随着锣鼓节拍按以下步骤再次亮相。

a.先出左脚，当向前迈右脚时，左脚一个小跳，两臂同时张开，右脚刚一落地，左脚则继续向前跨半步，同时右腿弯曲，身体前倾，这时两臂又合拢。要强调的是，每当两臂张开时，表演者两手都要同时按亮装在两片蚌壳上的电筒灯泡（图2-29）。

b.紧接着，上右脚再跨左脚，上右脚的同时两臂合拢，跨出左脚后，再向前出右脚，同时左脚又是一个小跳，做步骤a的动作。

c.重复上面的动作。完成亮相之后，紧接着抬起左脚，以左腿为轴，向左后转体360°，又开始重复前面的动作。在转体时，两臂要张开，电筒灯泡要一亮一熄。一圈转完后要迅速合拢。

注意：三亮九转步的跳法，若表演者在实际表演中跳得极疲劳的时候可不做那一个左脚的小跳动作，直接走三步亮一下即可。不过表演者亮相时，不用都是左脚跨半步时亮相，可左右两脚交替在前亮相。

（2）进退步

开始直立合壳，伴着乐曲向前提迈右脚，同时两臂张开，右脚落地的同时，蚌壳又合拢，左脚微微提起，即离地即可（图2-30）。接着左脚在身体后落地，右脚随之又向后退一步，退至左脚时，左脚微微提起（图2-31）。

接着上述动作，左脚在身体前落地，右脚又向前迈一步，同时两臂张开，右脚落地的同时两臂合拢，微提左脚，动作与图2-30相同。以上动作重复往返。

注意：做此动作时脚步较稳定，即左脚只是在原地一提一落，右脚只是进一步、退一步，运动范围也较小。

图2-29　　　　　　　　图2-30　　　　　　　　图2-31

蚌亮灯

2. 鹬

鹬的动作有以下三种：

（1）跑跳步

两手提着框架，使背带放松便于跑跳。向前迈出左脚，当跨出右脚时，左脚一个小跳，并且是左脚先落地，随后右脚着地（图2-32）。紧接着向前提迈左脚的同时，右脚又一个小跳，且是右脚先落地（总之，跳的那一只脚先落地），左脚随后落地（图2-33）。当再跨出右脚时，左脚又一个小跳，重复进行。

注意：在急速的跳动中，左右脚的小跳也可以变为中跳甚至大跳。

图2-32   图2-33

（2）相斗步

其具体脚步的走法与蚌的进退步相同，只是在进右脚时，不是两臂张开而是两手抓住框架，将鹬的头向下一点，身体一前一后地倾斜（图2-34、图2-35）。

（3）左右步

向左大跨一步，右脚向左脚一靠，同时将鹬头向下一点，如此反复。

3. 渔翁

渔翁的基本动作有自然步、小跑步、走小步以及转体快跑等多种常见动作。渔翁的动作变化无常，常逗人发笑。

图2-34 　　　　　　　　　　图2-35

五·舞蹈场记说明

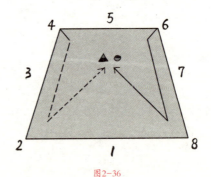

蚌壳　鹬　渔翁

（1）蚌壳走三亮九转步中的动作，从台"6"处出场，并沿图2-36中实线所示的路线运动。同时，鹬走跑跳步从台"4"处出场，并沿图中虚线所示的路线运动。

（2）当鹬、蚌走至台中时，渔翁肩扛一鱼竿，腰背一个笆篓，头戴一草帽，走小步，并且三步一停一望，沿图2-37所示的虚线路线出场。同时，鹬与蚌在台中表演，蚌走进退步，鹬走相斗步，时而并驾齐驱，时而相互追逐争斗。

图2-36

（3）当渔翁与鹬、蚌相见后，三者齐舞；当鹬、蚌在戏逗时（这时鹬可以交叉跳左右步、相斗步），以及蚌走三亮九转步时，渔翁见蚌走至第九步要转身时，则长甩鱼竿，给观众的印象是鱼竿每甩一次，蚌壳就转一圈。

（4）最后退场时，鹬后蚌前沿如图2-38所示的虚线路线下场。渔翁则沿图中所示的实线路线下场。

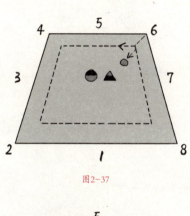

图2-37

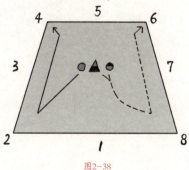

图2-38

六·服装与道具

（1）渔翁使用鱼竿一根、笆篓一个，头戴草帽，面挂长白须，身穿白色短汗衫，下着灰色大脚裤，腰系白色绑带，脚穿草鞋。

（2）蚌壳用篾、白纸、糨、麻制作，尺寸如图2-39、图2-40所示。要蚌壳的人是男扮女装，即古代小姐打扮。

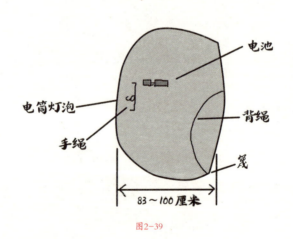

图2-39

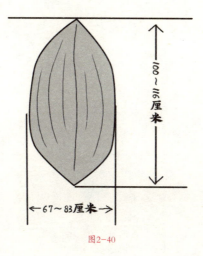

100～116厘米

←67～83厘米→

图2-40

（3）用篾、白纸、糨扎出鹬（无脚）一个，尺寸大致如图2-41所示。耍鹬的人身着白衫一件，头戴红色帽子，下身着黑或灰色小脚裤一条。

（4）配备灯八盏，尺寸如图2-42所示。其中白鹤灯两盏，芭蕉灯两盏，梅花灯一红、一白各一盏，火星两盏。

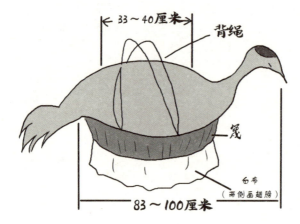

图2-41

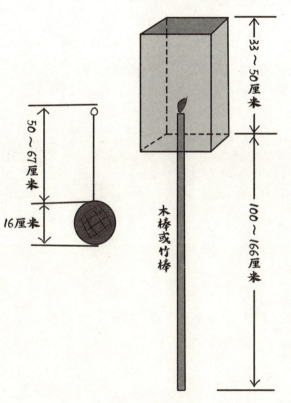

是什么灯，就画什么图，且四面相同

33～50厘米

100～166厘米

木棒或竹棒

50～67厘米

16厘米

图2-42

獅燈

第三章

獅
子

青川县多数乡镇都有狮灯流传，有的公社拥有两至三支狮舞队。每逢春节元宵期间，场镇和乡间许多人家张灯结彩，男女老少欢天喜地簇拥着围观狮灯。

狮灯的表演，多以街道、场院为舞台，灯笼火把为照明工具，文、武狮阵为内容，乡村社队许多人家都曾留下舞狮者的足迹。

狮灯于每年正月初二出灯，当月十五倒灯。传说中正月初二是犬过年，而狮犬是刘氏四娘的化身（刘氏四娘被打入地狱，投胎变成了一只金毛狮子犬），因此初二出狮灯。

狮灯中，狮子造型凶猛，动作大方、骁勇，给人们留下勇敢、顽强的印象。特别在狮子回首吼吉利时，一呼万应、气势磅礴。狮灯中的笑头子（又称笑面人、小鬼或小和尚），动作诙谐、轻盈、流畅，形象善良、朴实，给人以淳朴、和蔼可亲之感。

狮灯是根据生活中的狮子外貌，用纸、竹、麻布、绳以及糯糊等原料制成的，加以形象的彩画，活灵活现。

由于受"左"倾路线的干扰和摧残，青川县狮灯阵法现仅存四十多种，面临人老艺绝的境地。粉碎"四人帮"以后，狮灯阵法资料才得以被大胆地搜集、整理，并写入祖国文化的史册。

一·起源与发展

相传在唐朝末年，有一员外姓胡，年方五旬，尚未得子。此人好善，为人正直。一日，胡员外到街上赶集，见一农夫卖一活鱼，此鱼外形奇异，周身红艳，似鲤鱼而又有异，他出于善心便买回养之。

怪哉！此鱼身体虽小，可每日喝水八缸，专请一农夫担水供之。员外妻子刘氏四娘，为人狡诈，心肠恶毒，见鱼喝水太多就取药毒死了鱼。胡员外甚痛，将鱼埋于后花园桂花树下，有意让它卧于鸟语花香之中。不料，树下长出一株萝卜，形状甚奇，生长迅速，不几天便有一木盆大小。刘四娘发现此萝卜肉质丰满，即命丫鬟用刀砍了一块煮于锅中，吃下后顿觉全身轻松、爽快，后觉有孕，分娩一小孩，取名胡萝卜。人们传说这正是红鱼对胡员外的报答。

胡萝卜自幼好学，聪明过人，被父母视为心肝宝贝。

一晃几年过去了，胡萝卜渐渐长大，一日与父母对坐，问起母亲过去毒鱼及吃萝卜之事,母亲含糊其词,加以否认。到了中秋节夜晚,母子俩跪在桂花树下烧香,其子又让她发誓过去没有做过违心之事,母亲违心起誓道:"妾若做过亏心事,愿天雷轰尸!"说完便昏死过去,其子惊恐万分,正想回家告诉父亲,只听星明月圆的天空中突然起了一声炸雷,其母尸体便消失了。

岁月似流水,一晃又过了若干年,胡萝卜已长大成人并当了和尚,法号目连,被封为地藏王。回想自己对亡母的不孝,便立志救之。一日,目连请地狱判官放回其母,判官不允,目连一气之下冲破一百零八个险关,盗得穴钻(据说是打开地狱的钥匙),放出了八百万恶鬼,其母的阴魂也随之飘出,朝着正北而去。

目连紧紧跟随,不一会儿,其母的阴魂失踪,目连只好回转。又过了几年,目连化缘搜集善款,以修建寺庙。一日,目连来到一员外家,见一犬长得凶猛,形如狮子,毛色金黄。此犬一见目连,便摇头摆尾地向他走来。员外对目连讲述了此犬如何凶猛、咬死、咬伤许多路人。目连听后也觉得怪异,前几天做梦,听一老道说其母变为一狗,今天又见此狗的举止,认定它是其母的化身,便向主人家买了此狗。

回程时,目连犯了难——挑经书在前则不孝其母,挑母在前则又不敬经书,于是目连只好把担子横挑于肩上。一路上,两边的栏道、草木自然让道,分卧两旁,唯有马桑树与桐籽树没有让道，目连咒道："马桑树，长不高，长高是个爬腰腰；桐籽树，好倒好，你油敬神用不到。"果然，后来马桑树一长大便弯曲，而桐籽则既不能吃，也不能敬神。

目连费尽心血，历经艰辛救回其母，因自己放出八百万恶鬼在人间干尽坏事，所以其母仍不能还身。目连心想："我应从善，结果却犯下大错，必须弥补。"此后，他便与母亲到处戏逗，让其母吃尽人间瘟疫、魔鬼，为民除害。

后人为了纪念目连救母、为民除害的事迹，以及他为人从善的高贵品质，便扎起狮灯，于每年元宵佳节期间依村挨户耍灯纪念，祈愿目连及其母再生为民除害。

随着社会经济、文化的发展，狮灯舞在演变过程中也有了较大发展，主要表现在内容上：古代的狮灯反映战争的情节较多，而对于生活、生产方面的表现较少；现代的狮灯狮阵数量远远超过了古代的一百零八种，而且众多的新人表演者也正源源不断地汇入狮阵的表演团队中。另外，在纸扎技术等各方面，狮灯也相应地有了较大的发展。

二·音乐及演奏

狮灯的唱腔与车车灯、马马灯、蚌壳灯的唱腔相同。如果主人家摆阵，在一张纸上写明"请唱《上茶山》或《吴媭姑》"等字样，则笑头子需要依要求唱一遍，一般不做动作。

谱一

谱二

谱三（连接谱一、谱二部分）

谱子九

注："哐"代表锣声，"咚"代表鼓声，"镲"代表钹声，"当"代表马锣声，"〇"即为休止。

三·基本动作

1.作揖

狮灯队伍每到一家或离开此家，笑头子均要作揖。一是祝贺主人家新年快乐，二是道谢主人家的热情款待。

作揖时，右脚于左脚前一步，腰自然放松，上身向右前倾，且双手抱拳于右侧，与肩同高，相距五寸①许。右腿膝盖弯曲，与右脚尖在同一竖直线上，左脚微曲，足尖点地，眼看右脚尖（图3-1）。

图3-1

①五寸，约17厘米。——编者注

2.将军比武步法

这是笑头子的基本步法之一。笑头子动作轻盈、自然、诙谐，在锣鼓谱节奏中进行。此步法分为四小节。

第一小节出左脚，后跟着地，勾脚，脚尖向外，随左脚提起。右手从侧面自然抬起与肩平行（或略低），放于胸前，腰放松，身体向左倾；左手随后抬起，同样放到胸前与右手交叉、穿掌。左手翻腕并移到左胸外侧，比肩略高，手肘微曲，手指自然勾手。右手移于右侧身后，食指勾着文刷子[②]，手肘微曲，右脚变成半蹲状。出右手时，身体侧向左边；穿掌时，身体向右侧，脚着地定形，身体再侧向左边（图3-2）。

图3-2

②给牲口梳毛的一种道具。——编者注

第二小节动作与第一小节相反。

第三小节动作与第一小节相同，但须转身后完成。

第四小节动作与第三小节相反。

3.狮子奔跑

狮子奔跑是狮头、狮尾密切配合且难度较大的动作，主要在一些武阵（比如"尧舜"）和表现狮子被激怒的情况中出现，真有排山倒海之势。

狮头表演者右脚放于左脚前一步，狮尾表演者同之。伴着急切的锣鼓声，狮尾表演者在收到狮头表演者三步踏右脚的暗示后，同狮头表演者一起协调地向前大跳。做此动作时，狮头表演者立得比狮尾表演者高为好。

狮子奔跑的乐器伴奏谱为狮灯锣鼓谱二。

4.狮子打滚

这一动作是笑头子、狮头表演者、狮尾表演者三者密切配合的一种武术性动作，它与狮子抠痒、抖毛前后相连。

伴随锣鼓声的第一至第六小节，笑头子在狮子一旁用文刷子理毛，狮子卧在地上，左右回头舔毛。笑头子理右，狮子舔左边；笑头子理左，狮子亦反之。第七、第八小节，狮子站立抖毛，狮头左右摇晃，狮尾随狮头有节奏地摆尾，笑头子动作同前。在第七小节末一拍，笑头子猛一踏足，转身360°，让于狮尾。狮头见状，猛踏左脚，第三次与狮尾一同做空心侧翻滚，站立抖毛（也可就地侧翻），笑头子走到狮子前。

第九、第十小节，笑头子以将军比武步法绕场院来到出场的院口，狮子随之，到院口出场。

四·特殊狮灯及其舞蹈场记说明

笑头子　　狮子

音乐为狮灯谱一。锣鼓声中，狮子卧在院口稍前处，做舔毛、抖毛状，笑头子在两旁来回为狮子理毛（图3-3）。

第七、第八小节时，狮子站起抖毛，笑头子踏脚转身300°，狮子侧翻一周，站起后继续抖毛、舔毛。笑头子在两旁理毛（图3-4、图3-5）。

第九、第十小节，笑头子引狮子绕场院走到院口（图3-6）。

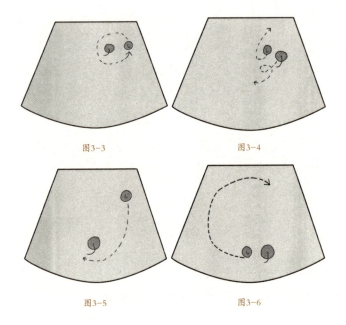

图3-3　　　　　　　　　　　图3-4

图3-5　　　　　　　　　　　图3-6

1. 出场舞

出场舞是一种礼节性舞蹈，每当离开一户人家来到另一户人家时，均须表演这一舞蹈。笑头子动作大力、热情，体现了山区人民礼貌待人的素养。

（1）舞蹈动作

伴随由远而近的锣鼓声，笑头子牵狮子出场，狮子卧于场口，做抖毛、舔毛状。笑头子来到院子中，抱拳作揖，庆贺主人家，随后狮灯会首以洪亮的声音吼吉利："狮子头上五包青，庆贺主人过新喜……"笑头子伴着这一呼，在吉利声中就地作四个揖。随着锣鼓声起，第一至第四小节，笑头子做一踏步，接着连做一个空翻和一个侧手翻来到狮子面前，狮子站起，笑头子转身180°。

第五至第十二小节，笑头子牵狮子出场，绕院子走一周。笑头子走将军比武步，狮子步法不论。狮头每两拍均要从左上方经笑头子身前绕到右后方（如起右脚），也可以从右上方绕到左后方（如起左脚），同时狮尾不停地摇摆。

第十三至第十六小节，锣鼓声进入高潮，笑头子围院做两个侧手翻、两个空翻，这时狮子跟在后面。

最后，音乐重复狮灯谱一，笑头子牵着狮子在场院中走一圈，动作同第五至第十二小节，再回到院口出场。

这时，音乐继续连续演奏狮灯谱一、谱二、谱三，但注意谱三须删去前奏部分。

（2）舞蹈场记说明

笑头子出场作揖，狮子卧于院口（图3-7）。

伴锣鼓声起，第一至第四小节，笑头子做踏步、空翻、侧手翻的动作回到院口（图3-8）。

第五至第十二小节，笑头子牵狮子围着院子走一圈（图3-9）。

第十三至第十六小节，笑头子做两个空翻、两个侧手翻，

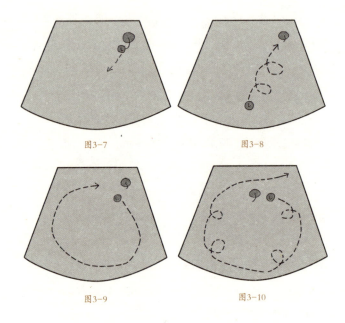

图3-7   图3-8

图3-9   图3-10

狮子随后奔跑一周（图3-10）。

　　然后再重复第五至第十二小节的动作。

2. 板凳舞

　　板凳舞是一种杂技性的舞蹈，通过对板凳的不同耍法，体现出山区人民勤劳朴实、灵活智慧的形象，反映出山区人民庆贺新春佳节欢快、活泼的热闹场面。

在一呼百应的鼓声中，笑头子牵狮子出场，笑头子作揖。此时锣鼓声起。

（1）舞蹈动作

第一至第四小节，笑头子双手正反握住板凳中部，两手相距五寸，双肘微曲，板凳与地面平行，与肩同高。出左脚，板凳左端随跨出的脚旋转移动，与地面垂直时，继续将凳子向上举，凳子自左肩后侧绕至头顶再回到原位（在一小节内完成动作）。出右脚，板凳右端朝下至与地面垂直向上，到右肩后侧至头顶回原位，后两小节动作同前。如此再重复一次上述动作，便绕场院按顺时针方向走完一周。狮子于笑头子两侧做抢凳子的动作（图3-11）。

第五至第八小节，将凳子平放于地面，笑头子坐于凳子上，两脚分别放于凳子两侧的横框上，狮子向前假装抢座，笑头子打之，狮子发怒，用头一顶，笑头子顺势做后滚翻（这时要将凳子挂在脚上），爬起后仍如前一样坐在凳子上（图3-12和图3-13）。

第九至第十二小节，笑头子下凳，把凳子侧放于地面，将前额放于凳子的侧棱上，两手分开握住凳脚，倒立于凳棱上（图3-14）。

图3-11   图3-12

图3-13   图3-14   图3-15

第十三至第十六小节，笑头子甲把凳子平放在地上，台侧再走出一个笑头子乙坐在凳子的另一端，逗戏狮子，而笑头子甲则将一侧的肩膀放在凳子的另一端倒立（图3-15）。

第十七至第二十小节，锣鼓声反复，凳子倒立，笑头子乙坐在着地的凳脚上，背部用力撑住凳子。这时狮子在右边，狮头用手掌稳住凳子，笑头子甲双手握住凳子顶部，将前额放在横框上倒立（图3-16）。

第二十一至第二十四小节，笑头子乙于另一旁逗引狮子，笑头子甲两手握住板凳腿，将其倒拿在手中，摆动凳子，人从凳子上来回跳过（图3-17）。

图3-16　　　　　　　　图3-17

第二十五至第三十二小节，两个笑头子相对站立，你来我往从凳面上来回跳过，持续四个小节。然后其中一个笑头子扛凳子，另一个笑头子牵狮子退至入场口。

（2）舞蹈场记说明

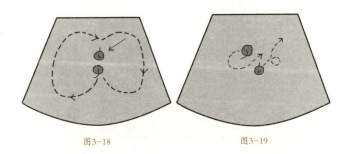

狮子　笑头子甲　笑头子乙

音乐为狮灯谱三、谱二、谱一连续演奏，删去前奏的两小节，并重复演奏一次。

伴随着洪亮的吉利声，笑头子甲牵狮子出场。

第一至第四小节，笑头子甲持凳耍花凳一周（类似武术中耍花棍的动作），此时狮子做抢凳子的动作（图3-18）。

第五至第八小节，笑头子甲坐在凳后滚翻（图3-19）。

图3-18　　　　　　　图3-19

第九至第十二小节，原地做动作。

第十三至第十六小节，从台内走出笑头子乙（图3-20）。

第十七至第二十四小节，笑头子甲倒立、跳凳子，均为原地动作。

第二十五至第三十二小节，笑头子甲扛凳，笑头子乙牵狮子走一圈退场（图3-21）。

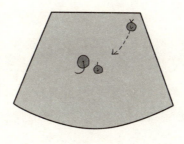

图3-20

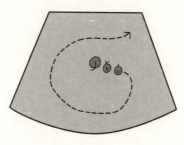

图3-21

狮灯表演不择场地、街头、院坝、广场均可（按风俗不可在家里表演，否则会招来不祥）。

狮灯表演动作不固定，由表演者自己发挥，但基本动作和步法不变。锣鼓谱的长短也比较自由，可以把每一个谱子重复多次演奏。

武阵有狮子滚灯、尧舜耕田、美女梳头、唐僧去西天取经、狮子抖跳蚤、九龙吃水、五月朝天、孙悟空三打白骨精、海里捞针、海里捞鱼、太公钓鱼、孙悟空过火焰山、三马连环战吕布、闻狮子、武松打虎、天鹅抱蛋、地鹅抱蛋、美女撵荷花、三十六人瓦岗、三打祝家庄、长坂坡前赵子龙、下（生）狮子、狮子打臭（石球为臭）、海底捞月、太子游四门、太子读书、百丑蛋、八仙庆寿，等等。

文阵有毛三学法李老君、唐王叫话、狮子打牌、一籽落地万籽归仓、金银锁四门、狮子下棋、五谷丰登、十句好话、写对联、猜字，等等。

五·流传于青川的狮阵

具体的阵列如下：

1. 狮子滚灯

摆法：在院内放十二根长木凳，每两根木凳之间相隔两尺①，在第一根凳子上放一只小碗，内装二两油，点燃捻子。

拆法：伴随锣鼓声和吉利声，笑头子牵狮子进场，笑头子发现凳子等阵具。引狮子绕场院走一圈。笑头子来到第一根凳子前，将油碗顶在头上，从凳面上牵狮子走过。下凳后，狮子围凳走一圈，小腿顶碗，从凳下钻过第一根凳子（图3-22），再跨过第二根凳子（图3-23），接着钻过第三根凳子，跨过第四根凳子……如此反复。笑头子或跨或钻过十二根凳子，再倒回来拿起每一根凳子——耍花凳（即前文板凳舞中第一至第四小节的动作），并将凳子送给主人家。送完凳子，再牵狮子来到主人家门口，笑头子来到堂屋（农村会客、放

---

① 两尺，约67厘米。——编者注

图3-22   图3-23

神龛的房间），上嘴唇收，下嘴唇伸，一口气吹灭头上的油灯。头一低，让碗自然滑落到主人手上（以上动作在锣鼓声中以中速进行），此阵即破。

2. 九龙吃水

摆法：在院中摆九根凳子，各凳端连成一条直线，凳前放一木桶并装满水。

拆法：笑头子牵狮子进场，用长短照发现阵具，引狮子围凳走一圈，狮子抢桶，笑头子打走狮子，牵狮子从凳面上走过（图3-24）。下凳回原位，弯腰用口含住木桶上凳，逗狮子上凳（图3-25）。走过凳子，笑头子继续含着木桶送给主人，然后回转于凳子两端各倒立一个洋桩（图3-26），扛回凳子，此阵即破。在这段表演中，锣鼓先是慢而轻，笑头子含水桶行至最后几根凳子时，锣鼓须加重、加快。

图3-24

图3-25

图3-26

3. 五月朝天

摆法：在方桌上放一木盆，盆内装水，盆底放一刀（刀刃朝上），将席筒立入盆内，罩住刀。

拆法：笑头子引狮子入场，围桌子走一圈，然后笑头子爬上桌，逗狮子做两至三次上桌动作。狮子上不了桌，笑头子请人上桌稳住席筒，然后自己爬上席筒顶端倒立，再慢慢沿席筒内壁滑下（两臂夹紧席筒，手肘顶住筒壁，交替向下滑动）至木盆内，将刀含在口中，用同样的方法返回，最后坐于席顶并出示刀。继而笑头子滑下，即可破阵。这个过程中狮子一直在桌子四周走动。

4. 一籽落地万籽归仓

摆法：在方桌或凳子上放一碗玉米（或其他粮食），桌子或凳子上再放一粒玉米。

拆法：笑头子牵狮子进场，绕院子或桌子走几圈，文墨先生吼吉利。笑头子将玉米放入狮子口里，表示喂食狮子，而狮子将粮食倒入挂包内，送出空碗，此阵即破。

5. 猜字

（1）谜面：言对青山青对青，二人土上说原因，三人骑牛少只角，草木林中有一人。

答案：请坐奉茶。

（2）将八根火柴棍摆成双菱形，请动两根加在其他几根上，形成一个"王"字。

答案：

6. 写对联

一般写上联或下联，或者用物体摆成特定形状，要求写出下联或上联。

（1）在一条形纸上写出上联，请在另一条形纸上写出下联；或在两张纸上各写出两字，如"当归"或"黄金"，请写出对应的语句。

答案：当归有根独占私书门第，（上联）

黄金无种偏生勤俭人家。（下联）

（2）在院中倒立两根板凳，其中一凳子上插一松枝，另一凳子上插一桃枝，请写出对联。

答案：春来松柏枝枝茂，（上联）

春去桃红树树鲜。（下联）

以上为文、武阵列说明。狮灯的人员不定，但最少得有一个会首、两个文墨先生（破阵）、两个笑头子、一个狮头、一个狮尾、四人拿灯、四人伴奏，共十五人。

六·服装与道具

1. 服装

笑头子头戴面具，身着白色汗褂，下穿用松紧带扎住裤脚的红裤（类似现在的运动裤），两侧扎两条白布条（布条约一厘米宽），脚穿软底鞋。

狮头、狮尾表演者不戴面具，穿着与笑头子相同，其他人员的服装不论。

2. 道具

　　狮子壳（狮皮）一副、文帚（文刷子）一把、面具一个。根据不同舞蹈还需加一些道具，比如凳子若干、桌子一张、排灯四盏。

　　锣鼓伴奏须使用锣、鼓、钹、马锣四种，也有配喇叭的。

目连救母

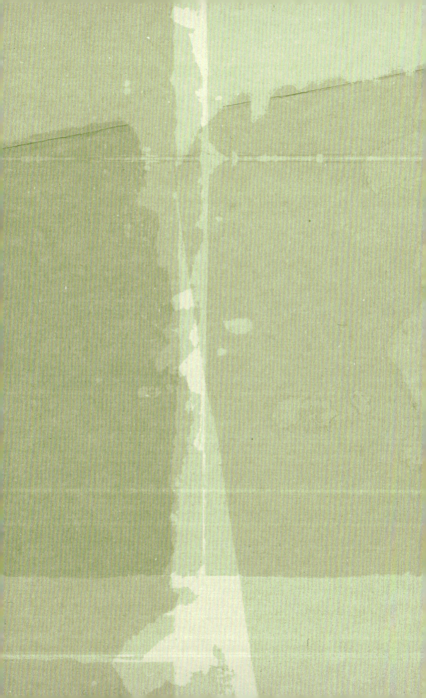

端公舞

❀ 第四章 ❀

一·起源与现状

端公舞亦称"传老爷"或"神舞",属于一种祭祀性舞蹈,在青溪镇、房石镇、骑马乡、观音店乡等地流传。这里收集的是青溪镇的端公舞。

相传在唐代,有一人叫李老君,见人世间天灾人祸多如牛毛,广大的劳动人民生活在水深火热、重重瘟疫之中,为了让人民有吃有穿、生活美好,他历尽艰辛,搜杀夜坟墓鬼,为人间带来了安宁、祥和。后人便以此为原型,创作了今天的端公舞。

端公舞的乐曲简单,但唱词多庸俗,伴奏的锣鼓谱似川戏锣鼓谱,但又有所区别,动作急迫、奔放。

端公舞内容广泛、形式繁多,分为"正神"(庙神)和"家神"(包括武神、梅神等)。舞蹈表演者人数分为一人、两人及多人等形式,服装多为红色,舞蹈类型和曲目有皮鼓舞、请水舞、立楼舞、破垒舞、发蝶舞、搭桥舞、场院舞、敬灶舞,以及跳小花脸、《八郎扛身》、《长绞大和尚》、《砍、烧、挖、扫》、《放五仓》等二十四种。但由于跳此类舞蹈属于迷信活动，中华人民共和国成立后政府便下了禁令，现在大部分舞蹈内容已经残缺不全，甚至已经失传。

端公舞的活动时间不定。解放前，人们的思想被迷信枷锁束缚着，一旦家里遭遇灾祸，便会请来舞师"祛邪除鬼"。解放后，虽然政府下了禁令，但仍有少数人偷着请舞师装神弄鬼，以祈求百事顺利、五谷丰登。

一般来说，端公舞在人们家中的神龛前跳，全家人在神龛前跪着，双手掌心合十放于胸前（类似庙里和尚念经的动作），看舞师唱跳。而后，舞师会解释一通，获取钱财后离去。

二·端公舞的锣鼓谱

注:"咚"代表鼓声,"哐"代表锣声,"镲"代表钹声,"当"代表马锣声,"壮"代表锣、钹的和声,"扯"代表钹、马锣的和声,"不"代表锣、钹和马锣的和声。"O"代表各种乐器停止。

谱一(长行锣)

咚咚咚咚 咚咚咚咚 ｜当·镲 哐当镲 ｜当镲哐 当镲 ｜哐镲 哐镲 ｜
哐·镲 哐镲哐镲 ｜哐镲哐镲哐镲哐镲 不不不不不不不不 ｜
咚咚咚咚 当镲当当 ｜哐镲当镲 哐镲当镲 ｜哐镲哐镲 哐哐 ｜
哐哐 哐镲当镲 ｜哐镲当镲 哐·镲 ｜哐镲当镲 哐·扯 ｜扯扯哐扯 ｜
扯扯 哐·镲 ｜哐镲哐镲 哐镲当镲 ｜哐镲当镲 哐哐 ｜哐哐 哐镲当镲 ｜
哐镲当镲 哐哐镲壮 ｜当当壮 O·镲 ｜哐扯 哐扯 ｜哐·扯 哐·扯 ｜
哐镲当镲 哐镲当镲 ｜哐·扯 哐·扯 ｜扯 哐哐 ｜扯哐 扯哐 ｜
扯·哐 扯哐当镲 ｜扯哐当镲 哐扯哐扯 ｜哐扯哐扯 扯哐当镲当 ｜
哐哐扯哐 当当壮 ‖

谱子十

122

谱二（打闹台）

咚咚咚咚 咚咚咚咚｜当扗当扗｜当当锵当 〇哐锵｜哐锵当哐 当·扗｜

哐锵哐锵 哐锵哐锵｜哐锵哐锵哐锵哐锵 不不不不不 不不｜

咚咚咚咚 当哐当当｜扗锵当锵扗锵扗锵｜扗·锵 扗锵当锵｜

扗扗 扗锵当当｜扗当当扗 〇锵扗｜扗锵当当 当当扗｜

当当锵当 〇扗扗｜当 当锵 当 当扗｜当 当锵 当 〇扗扗｜

当当扗锵 当当扗锵｜扗·锵扗·锵｜扗扗扗·锵｜扗扗锵扗 当当扗‖

谱子十一

谱三（水波浪）

咚咚咚咚 咚咚咚咚｜当扗当扗｜当当扗当 〇锵当扗｜

扗锵当锵 扗锵当锵｜扗锵扗锵 扗锵扗锵｜当锵扗锵当 锵扗锵｜

当扗 当当扗扗｜当当扗 扗当锵当｜扗当当哐｜哐〇扗当｜

当哐哐当｜当扗当扗 当当扗｜当当锵当 当扗｜当当锵当锵当扗｜

当当锵 当当〇｜扗当扗当 当当扗扗｜

不不不不不 不不 不不不不不 不不｜咚咚咚咚 当扗｜

当扗当当扗｜当当扗当 当扗不不不不不不｜

不不不不不不不 不不不不不不不｜咚咚咚咚 当扗当当｜

扗扗当扗当 当哐哐哐｜哐锵当扗 扗·锵｜扗当当扗 当当扗‖

谱子十二

123

谱四（九槌锣）

咚咚咚咚 咚咚咚咚 ｜ 当·杜 当·杜 ｜ 当·杜〇杜 当·杜 ｜

当当锵当 〇当杜 ｜ 当当锵杜 当杜当杜 ｜ 当当杜 〇 ‖

谱五（七槌锣）

咚·咚咚咚咚 咚咚咚 ｜ 当·杜 当当杜当 ｜〇杜当杜当 ｜ 当当杜〇 ‖

谱子十三

1.八郎扛身

（1）舞蹈内容

这一舞蹈反映的是八郎出门帮人杀猪时的所见所闻，内容体现出唱词中的"妹妹"迷信"神仙"、信奉"神仙"，最后"妹妹"得到"神仙"的关照。端公跳此舞，即以上述东西麻痹人们，煽动人们信仰鬼神。

八郎扛身

曲一：1=G 2/4

| 锣鼓谱 | 55 | . . 6 | 3.3.3. | 5—3³ | . . 2 |
慢儿（呕）打来（呕）慢（噢）慢慢的 走（呐哎），这几年 的生活

7656 | 2 5 | 2 3532 | 0 锣鼓谱 | 6.656 |
是乘难受呀 哎 嘚呐 难。 日子又慢

243 | . . 2 | 7656 | 2 5 | 2 3532 | 0 |
夜又长 出门的老头 有了病（啊哎） 思（啊） 哎

锣鼓谱 | 254 | 332 | 52 | 23 2 | 3 | 2332 |
哎我在 （呐）楼台（呐） 过 人人 误我文墨

. . 2332 | 2 | 5 2 | 3532 | 锣鼓谱 |
多人人 误我的文墨 多 呐 哎（呐）

22 | 77655 | 655 | 665 | 506 | 5566 |
哎昨天 出门我翻 业娃见 妹妹回娘 家，头上 戴了一朵

6 | 06 | 5566 | 6 | 053 | 222 | 2 |
海棠 花 背上 指了一个幼娃 娃 手里 拿了一个摄笼

306 | 5566 | 6 | 032 | 12 | 35 |
子， 提着 装了一个老南 瓜，天上 又在下大 雨他上

67 | 232 | 056 | 7766 | 22 | 665 | 3 |
起了一点浪头 滑，一下 走到哪个 沟沟里，趴娃呃，一声

5566 | 322 | 5566 | 32 2 | 53 | 2 |
摔 头上将起我 海棠花，背上将哭我 幼娃 娃，头里将 提

3 | 556 | 32 | . . | 223 | 223 |
提笼子 装笼里装起 老南瓜，南瓜无脚 怎岂滚 鸡公有脚

23 | 223 | 23 | 23 | 235 | 5535 |
怎剪剪，娃儿又在 喊妈妈，我说娃儿 你莫喊，表婆的屁股

23 | 23 | 322 | 223 | 232 | 23 |
拽拧了丫，后头打个 马环磴，前头摹田 乱头发 前头将取

32 | 223 | 232 | 52 | 3532 | 0 锣鼓锣 |
刮迷纷，看你作个 啥巴呐 啊吧呐 哎

65 . . 6 | 6 6 | 53 | 3322 | 强强强 |
山塘呵嵩嵩 似 故乡（呐），一 去 不还了（呐呐），

强强 | 浪强强强强强 | 强强强停 |

谱子十四

125

一调转为 1=A 2/4

（谱子——端公舞唱腔曲谱，见谱子十五）

谱子十五

注：端公舞唱腔比较多，曲谱基本相似，节奏也与前雷同，而且后边的唱词很庸俗，就不选入本册了。

（2）曲谱

曲谱中，如果看到"|锣鼓谱|"的符号，则可以选择任意一段锣鼓谱（即谱一、谱二、谱三、谱四和谱五均可）。而后边"|锣鼓同前小节|"是指与"|强强强强强|……|强强强强强|"相同，而"强"表示四种乐器的和声。

（3）舞蹈动作

锣鼓声起（打闹台、水波浪、长行锣均可），八郎从台左侧出场。

伴随锣鼓声，八郎左手提一只猪尿泡，右手扛一杆小秤，以小跑步进场。绕场按逆时针方向跑几圈，至锣鼓声停为止。

锣鼓声毕，八郎便唱第一至第九小节，沿S形路线走，步法自便，左手持猪尿泡不停地摇动（图4-1）。

接着锣鼓声再起，八郎再沿8字形路线跑动，步法为小跑步，左手仍持猪尿泡不停地摇晃（图4-2）。

从第11小节直到乐谱结束符"‖"处均重复上述动作（即唱即走，停唱击锣鼓就改小跑）。

图4-1   图4-2

在中间重复符"‖:""　:‖"中，唱时走S形路线（图4-1）。打锣时，八郎走十字步，在每个锣鼓谱的小节中，第一拍前进两步（图4-3），第二拍后退两步，但后退时应做小跑动作（图4-4）。

以后省略部分，均重复上述动作。

图4-3

图4-4

（4）舞蹈场记说明

端公

音乐可用端公舞曲一，伴奏谱一、谱二、谱三、谱四、谱五。

锣鼓声起，八郎左手持猪尿泡，右手扛秤出场，并绕场跑几圈。圈数不定，到锣鼓声停止为止（图4-5）。

八郎边唱边走S形路线（图4-6）。伴奏锣鼓声起，八郎沿8字形路线小跑或走十字步（图4-7）。

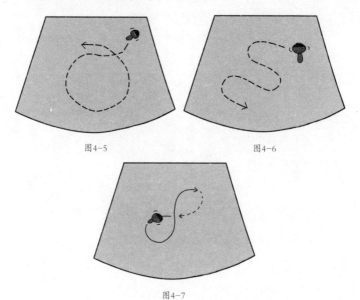

图4-5 图4-6

图4-7

（5）服装、道具和人员配备

服装：表演者头戴面具，面具上是微笑的表情，上身穿彩袍或白汗衫，背上挂一根五十厘米的红布，腰扎围腰并盖住双脚，脚穿草鞋。下身也可以穿彩裤或日常裤装。

道具：一杆小秤、一个猪尿泡、一头肥猪（头朝家门，尾朝门外）、一个面具（又称脸壳子）。

人员配备：如果表演单扛身，则需演员一人、伴奏乐三人（一人打鼓，一人打锣，一人同时打锣和鼓），共四人。如果表演双扛身，则需舞师两人，一男一女，女的穿古代小姐服装（女演员饰演唱词中的"妹妹"）。由于资料缺乏，双扛身的相关资料现在在青川县已无法搜集。

2.砍、烧、挖、扫

（1）舞蹈内容

此舞反映出四位神仙砍路、烧路、挖路、扫路，修出了条条通向天宫的道路。

此舞是端公专门用来麻痹人民，说明"天外有天、地外有地，天外天叫天宫，地外地称地狱"、鬼神是存在的，以此宣扬人死后不成神便成鬼的迷信思想。

此舞蹈动作激昂、奔放，伴奏曲调高昂、粗犷，给人们一种惊恐的感觉。

（2）曲谱

　　先奏锣鼓谱，谱一、谱二、谱三均可作为表演的开头，即"砍"前可用三者中任意一谱，而谱四、谱五加在每一小段（唱腔中有注明）中间。锣鼓谱开场后，由舞师按照曲谱演唱。

曲二　　　　　砍

1 = ♭B　3/4

```
i i i 0 i 5 0 | i·0 2 2 3 | 2·0 1 5 | 3·2 | 1 1 1 2 3 |
八十年的天呀   开喽二十的 八节硷仙 的 台，  百部的员外

5 5 ♯4 3 | 5 5 5 3 4 | 2 4 ♯2 | 5 2 3 | 5 5 3 2 | i·0 | 锣鼓谱
金冠 戴，有诗老师   说亮（哪吹）   道约 吹    啊）。

谱四、谱五任选一谱（略） ||:
```

曲三　　1 = G　2/4

```
i 0 i i 0 | 6 i i 0 | 5 3 5 6 6 | 3 5 ♯4 3 2 | 1 3 2 5 5 2 |
(1)一家小伙子 胖敦敦，手拿的弯刀从汗直出，  看你这小伙子

2 1 5 0 | 5 3 5 6 5 | 6 5 ♯4 3 | 2 1 2 3 3 2 | 5 3 1 5 ♯ |
菟下苦，  给你个任务 吹路哪速，叫一声小伙子 莫迟疑哪哪

2 1 1 2 1 | 0 6 5 ♯4 | 2 5 ♯ | ♯4·3 2 ||
吹） 路修 通后 成哪（吹）  仙（吹）
```

谱子十六

曲三的完整唱词如下：

A　一家小伙子胖墩墩，手拿的弯刀汗直出，看你这小伙子能下苦，给你个任务砍路途，叫一声小伙子莫迟务，路修通后成仙。

B　刚才砍的是东门路，大路一直通江湖，只要你老实心灵正，东方路上砍起来，上头砍到松潘岭，下头砍到合作城，左面砍到凤凰林，右边砍到葫芦溪，上头砍到神龛子，底下砍到大门根，遍山林木我砍尽，天才的财富我得齐。

C　砍开南方的上诸城，红人红马红麒麟，砍开大路呵一丈二，砍开个小路马并排，砍开东方两条路，地神顺心马顺行。

D　砍路的大哥是过路神，手提大刀进西门，砍开西边三条路，地神顺走马顺行，砍开大路一丈二，砍开小路八尺多，砍开西边的神门路，地神顺心马顺行。

E　砍路的大哥是过路神，手提大刀进北门，砍开大路一丈二，砍开的小路马并排，砍开北门四条路，地神顺心马顺行。

F　砍路的大哥是过路神，手提大刀进中门，砍开的五方神门路，地神顺心马顺行。

1=B ¾　　曲四

5 0̇ 7̇ | 0̇ · 5̇ 5̇ | 5 0̇ 7̇ | 6·5̇ 5̇ | 5 5 3 5 | 3 0 当当 | 壮当壮 |
欧路　（哟）　　烧路　（哟）　（哎的哎哎　哎）

5 5 3 5 | 3 0 当当 | 壮当壮 | 1̇ 6 5 | 3 5 3 0 | 谱鼓谱四或谱五
哎的哎哎　哎　　　　　烧呵吗　路哦

的可 ‖

谱子十七

下接对白：

白：哎——敬灶，胡敬灶，你们在干啥？

答：嗯——我们在出法园院。

白：出——法——园——院——，哎——你们要干什么事？

答：学敬阴司宝台，请一个烧山的神童呵。

白：你们烧路啊？我来，我来，那把你们的杀人犯我借一个！
（杀人犯是道名，即"火"的意思）

答：有，有！你向南方吹三口，他就来了！（道语，南方是"火"
的发源地，此处指向南方吹三口气，漫山遍野就会烧起来）

　　此时在锣鼓谱的伴奏中（锣鼓谱一、谱二、谱三中可任
选其一），舞师做吹气状。

白：哎——来了，来了，神火！神火！鬼火！鬼火！

　　后再接锣鼓谱，谱四、谱五均可。

端公舞 一

曲五　1=A　2/4

2 5 2 | 5 5 2·0 | 2 2 2 3 | 5 0 3 5 | 5 0 3 5 3 0 |
一烧嘛　东路呵　枝枝麻柳嘛　呀桐嘛嘛　枝枝麻柳嘛
一烧"南路"　二座城　红人江马　江跟缸

5 5 2 5 3·0 | 5 5 2 5 3·0 | 5 0 3 5 | 5 0 3 5 3 0 |
烧开的　大路呵　一六　六呀呵
枝枝麻柳嘛　枝枝麻柳嘛　烧开南方　二座城

5 5 0 1 2 | 5 3 6 6 | 4 4 5 5 2 5 3 | 1 1 2 5 2 5 3·0 |
烧　开的小路　马并排呀　烧开东方神门路　也神顺心
枝枝麻柳呀　跟神走呵　麻呀哎呀哎　成了仙

5 5 4 3 5 4 | 3 0·0 1 ‖
马的呀　行　的，
跟神走呵成了　仙。

谱子十八

白：天火、地火、年火、月火，抛到那东洋大海。

　　演奏锣鼓谱，谱一、谱二、谱三任选其一。

1 1 1 7 1 6 | 2 5 1 1 6 | 0 2 样 6 | 0 5 5 0 | 1 6 1 1 |
三　烧　四烧　五烧十二　条　路的　　嘛　　条条大路

2 5 2 2 0 | 2 5 2 5 | 2 5 2 | 3 6 | 2 5 2 3 2 1 | 1 0 0 |
一天二　地神顺心　马　的　哎哎　排的哎呀　排。

锣鼓谱一、谱二、谱三均可

曲七 1=♭B 3/4 挖

$5\ 6\ \dot{1}\ |\ 6\ 5\underline{5}\ 0\ |\ 2\ 2\ 4\ |\ 2\ 2\ 3\ 5\ 5\ |\ 5\ 3\ 3\ |\ \dot{1}\ 0\ 2\ 5\ |$

一家老头　挖下去，　五六十岁挖路的　途，实心

$2\ 3\ 2\ |\ \dot{1}\ 0\ |\ 5\ 5\ 2\ 0\ |\ 2\ 2\ 3\ 2\ 4\ |\ 5\ 5\ 2\ |\ 2\ 0\ 5\ 5\ |\ 3\ 3\ 3\ 6\ 6\ |\ 6\ 3\ 2\ |$

实意　的　把你挖，得了　金钱包里的装，东方路上　挖的封　吹

$5\ 2\ 5\ |\ 3\ 5\ 3\ 2\ \widehat{1}\ 0\ |$ 没鼓谱四、谱五的可 |

桩

曲八 1=♭G 2/4

$\dot{1}\ 0\ 5\ \dot{1}\ \dot{1}\ |\ 6\ \dot{1}\ 0\ |\ \dot{1}\ 6\ 5\ 5\ |\ 5\ \dot{1}\ 6\ |\ 6\ 5\ 5\ 0\ |\ \dot{1}\ 0\ 5\ |\ 2\ 5\ 3\ |$

咿呀路的先生　过路神，手提锄头　进东哟　门．挖开尔东方啊

$2\ 3\ 2\ \dot{1}\ 2\ 0\ |\ 2\ 2\ 3\ \dot{1}\ 2\ |\ 5\ 4\ 3\ 2\ |\ \dot{1}\ 0\ 5\ |\ \dot{1}\ 5\ 3\ |\ 3\ 0\ 5\ 6\ |$

二十一条路，　地神　顺心　马顺的　行上　头挖到　哪　松潘

$2\ 0\ 4\ 3\ |\ 3\ 2\ 2\ |\ 5\ 2\ 0\ |\ 4\ 4\ 3\ 5\ |\ 0\ 5\ \dot{1}\ 0\ |\ 0\ 4\ 4\ |$

岭底下　挖到合作啊，挖开大路　好跑马的　挖开的

$3\ 2\ \dot{1}\ 2\ |\ 2\ 5\ |\ 2\ 4\ 3\ 4\ 3\ 2\ |\ \dot{1}\ 0\ 0\ ‖$ 没鼓谱一、谱二的可 |

小路能放　车哪

谱子十九

曲八的完整唱词如下:

A 挖路的先生过路神，手提锄头进东门，挖开你东方二十一条路，地神顺心马顺行，上头挖到那松潘岭，底下挖到合作城，挖开大路好跑马哟，挖开的小路能放车哪。

B 挖路的先生过路神，手提锄头进南门，挖开南边二座城，红人红马红麒麟，挖开大路一丈二，挖开小路马并排，挖开南方神门路，地神顺心马顺行。

C 挖路的先生过路神，手提锄头进西门，挖开西边的神门路，地神顺心马顺行，挖开西边三条路，地神顺心马顺行。

D 挖路的先生过路神，手提锄头进北门，挖开北门四座城，黑人黑马黑麒麟，挖开北门神门路，地神顺心马顺行。

E 挖路的先生过路神，手提锄头进中门，挖开中门五条路，地神顺心马顺行，上头挖到松潘岭，下头挖到合作城，全城树木你挖尽，天下的财富由你拿。

1=♭B ¾　　曲九　　扫

5 5 4 i 6 5 | 6 i 0 5 5·2 | 5 5 0 2 5 | 冬冬冬状一 | 5 5 4 i 6 5 |
一家吻嫂嫂　　芒十毅 耐那　　要毅吗耐那　　　　　　手提扫把

0 i 6 5 5 2 | 0 1 2 3 1 2 1 | 1 0 等 | 1 6 2 1 | 1 0 | 锣鼓谱
进乐的 门　　便劲 扫来 把吧　　污　呢

四或谱五 | 5 5 4 i 6 5 | 6 i 6 5 5 2 | 0 1 2 3 1 2 1 | 1 0 |
　　　　　污静 五方的 扫 路 人, 活了金环颈的 上的吹

1 6 1 2 | 1 0 ‖ 冬冬冬冬状状冷 | 状状冷状冷进冷 | 状冷状冷状冷状 ‖
戴 麻

曲十　　1=G ¾

i 6 5 i i | 0 i 6 0 | i 6 5 5 | 0 i 6 | 5 5 5 0 | i 6·5 |
一扫 来方 一片心, 仁愿的心来 才成的 仙, 扫乐方

2 5 3 | 2 3 2 1 | 2 0 | 2 2 3 1 2 | 5 4 3 2 | 1 0 5 | i 5 3 |
神门的 路　叹 吧神 顺心马的顺 行, 扫路 嫂嫂过路

3 0 5 6 | 2 0 3 3 | 3 2 2 | 5 2 0 | 4·4 3 5 | 6 5 i 6 |
神 过路 神, 扫开 大路一 大大, 扫开小路 马齐的排

6 0 4 4 | 3 2 1 2 | 2 5 | 2 4 3 4 3 2 | 1 0 0 :‖
扫开 南门三条 路吧 神顺心马顺 行。

（锣鼓谱四或谱五）

谱子二十

.139

曲十的完整唱词如下：

A　一扫东方一片心，仁慈的心来才成仙，扫开东方神门路，地神顺心马顺行，扫路嫂嫂过路神过路神，扫开大路一丈大，扫开小路马并排，扫开南门三条路，地神顺心马顺行。

B　扫路的大嫂过路神，手提扫把进西门，扫开西方三条路，地神顺心马顺行，扫开西方神门路，天下人人来敬你。

C　扫路的大嫂过路神，手提扫把进北门，扫开大路一丈大，扫开小路马并行，扫开北门四条路，地神顺心马顺行。

D　扫路的大嫂过路神，手提扫把进中门，上头扫到神龛子，底下扫到大门根，扫尽天下条条路，天下金玉任你取。

白：供财、供财，马挂腰袋，来无三便，是败兵回朝，送给、送给，供财上天。

后接锣鼓谱，谱四、谱五均可。再接结尾的锣鼓，其谱如下：

当杆 当杆 ｜ 当杆当杆 强强强强强强强强 ｜ 当〇杆〇 当〇杆〇‖

谱子二十一

（3）舞蹈动作

舞师随锣鼓声从台左侧出场。此舞师为青年武将打扮，手持弯刀，以逆时针方向绕着舞台小跑几圈，到锣鼓声结束为止。

曲二起，舞师侧向观众，沿S形路线走，右手持弯刀不停地在头上摇动（图4-8）。

锣鼓声起，<u>重复出场动作</u>。

曲三第一段起，重复曲二动作。曲三第二段开始，沿十字形路线走，并以小跑步在表演场地的上、下、左、右各个方向做砍的动作。做此动作时，左脚猛一踏脚，腾空，双腿微曲，双手握刀向着上方的空气砍下去（图4-9、图4-10）。

曲三以后各段均重复第二段的动作。

曲三结束，随着锣鼓声退场，接着一神童打扮的舞师出场，手持火把绕台跑几圈，同时将火把放在头上不停摇晃，至锣声停为止。

曲四起，神童沿8字形路线边走边唱，此时演员眼看火把。

在"敬灶、胡敬灶"的说白中，神童先作两个揖，然后身体侧向舞台，在前方问话，击锣鼓者在台右侧回答。

锣鼓声起，神童绕台跑一周。

在"神火！神火！鬼火！鬼火！"的说白中，神童双腿蹬地原地跳动，次数由舞师自行决定。

图4-8

图4-9

图4-10

图4-11

伴随以后的锣鼓声及曲五，神童沿S形路线重复行走。

在说白"天火、地火、年火、月火，抛到那东洋大海"声和台右侧的锣鼓声、唱腔中，神童沿十字形路线走，手持火把向东、南、西、北四个方向抛火苗（图4-11）。

曲七结束以后，伴着锣鼓声，神童退场。接着土地老头打扮的老人从台后扛着锄头走出，绕台走一圈。

随唱词，土地老头做挖地的动作，每一拍挖一次，每一段唱词唱完，土地老头都扛着锄头沿S形路线前进。伴随着后面的唱腔，又照着前边各小段一样做挖地动作（图4-12、图4-13）。

曲八结束，伴随锣鼓声，土地老头退场。接着走出一中年妇女，持扫帚出场，仍绕台走一圈。

图4-12   图4-13

143

曲九起，中年妇女边唱边做扫地的动作，每两拍做一次（图4-14）。随着锣鼓声起，中年妇女又扛着扫帚走8字形路线（图4-15），唱唱词时再重复上述动作。

以后各小段均重复前文中的动作。

曲十结束，锣鼓声起，前三人再次出场，手持各自的工具，绕着舞台小跑。

在说白中，中年妇女放下扫帚做施礼动作，其余三人则双手抱拳，向四周作揖。随后众人在激昂的锣鼓声中退场。

图4-14

图4-15

（4）舞蹈场记说明

▲ ▬ ⧊ ◓
武将 老头 神童 妇女

曲二至曲十，砍、烧、挖、扫的主题表演均是伴随着锣鼓谱一、谱二、谱三中任意一种进行，以小跑绕台几圈（图4–16至图4–20）。

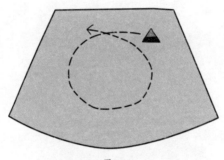

图4–16

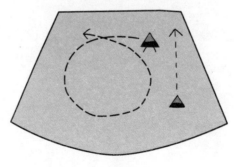

图4–17

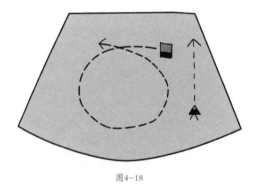

图4-18

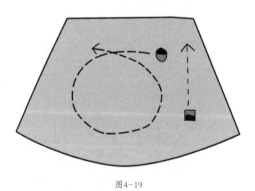

图4-19

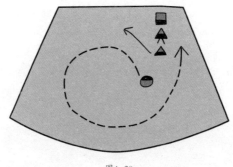

图4-20

伴随曲二，武将沿S形路线前进（图4-21），伴随锣鼓声起，又重复出场时的动作。

曲三响起，武将沿十字形路线前进（图4-22），随锣鼓声重复出场动作并退场，神童出场。

曲四起，神童沿8字形路线前进（图4-23），随锣鼓声重复出场动作。

曲五起，神童沿S形路线前进（图4-24），随锣鼓声重复出场动作。

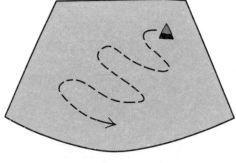

图4-21

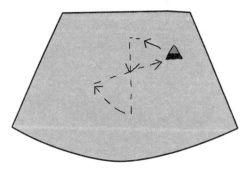

图4-22

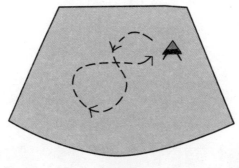

图4-23

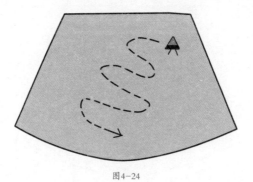

图4-24

在曲六、曲七中，神童沿S形路线前进（图4-25），伴随锣鼓声重复出场动作并退场，这时土地老头出场。

曲八起，土地老头沿S形路线边唱边挖（图4-26），伴随锣鼓声重复出场动作并退场，这时中年妇女出场。

在曲九、曲十中，中年妇女走8字形路线，边唱边扫（图4-27）。

曲十结束后，伴随着锣鼓声，武将、神童、土地老头依次出场，中年妇女接在土地老头之后（图4-28），四个人分别向东、南、西、北四个方向作揖或施礼（图4-29），并随着锣鼓声退场（图4-30）。

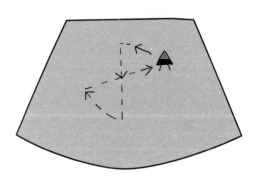

图4-25

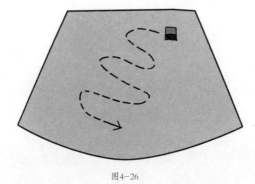

图4—26

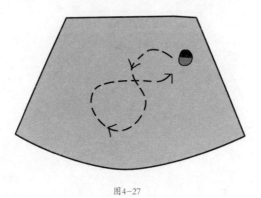

图4—27

151

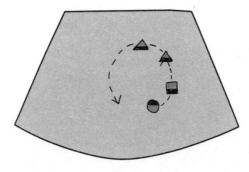

图4-28

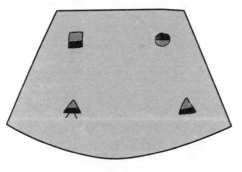

图4-29

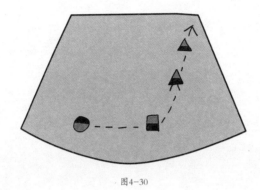

图4-30

（5）服装与道具、人员配备

服装与道具：砍舞中舞师扮作古代武将，腰拴围腰，手持弯刀一把；烧舞中，舞师作道童打扮，准备适量的废纸；挖舞中，舞师身着彩袍，手持锄头一把；扫舞中，舞师作古代中年妇女打扮，手持扫帚一把。

人员配备：舞师四人、伴奏三人，共七人。

3. 立楼舞

（1）舞蹈内容

通过对伐木立楼的记述，体现出人们对成仙的向往，鼓励众人胆大、细心，战胜对人们有害的禽兽，从而得道、升仙。

立楼舞动作轻柔、缓慢，给人以凄楚、发怵的感觉。

立楼舞一般在家中神龛前跳，跳时舞师面前放一张木桌，桌上放纸、香、碗，并在碗内放一支点燃的红蜡烛。

（2）曲谱

立 楼

曲十一： 1=ᵇG 2/4

$$\underline{1}\ 5\ |\ \underline{1}\ \underline{1\ 5}\ \underline{1\ 5}\ |\ \underline{4\ 4}\ {}^{b}2\ 0\ |\ \underline{2\ 5}\ \underline{2\ 5}\ |\ \underline{3\cdot}\ \underline{5}\ \underline{4\ 3}\ |$$

打 罗（哟）打 鼓（哟） 齐 动 手 莫 学 百 花 贵 年（哟）

$$\underline{{}^{b}2\ 0}\ \underline{1\ 1\ 2}\ |\ \underline{6\ 6}\ \underline{2\ 1\ 2\ 3}\ |\ \underline{4\ 0}\ \underline{3\ 6}\ |\ \underline{3^{b}3\cdot}\ 1\ |\ \underline{3\cdot}\ \underline{3\ 1\ 3}\ |$$

头， 这 一 遭 事 情 哪 个 丢 数， 忿 怒 学 徒 往 外 流， 忿 花 后

$$\underline{5\ 1}\ \underline{7}\ |\ \underline{7\ 6}\ \underline{7\ 5}\ |\ \underline{2\ 2\ 3}\ \underline{5\ 5}\ |\ \underline{3\ 6}^{b}4\ \underline{3\ 2}\ \|\ 锣鼓谱一谱二或谱三$$

砍来（呀）残的哎， 带去的残木往外（呀）流。

曲十二： 1= 2/4

$$\underline{5\ 5}\ \underline{1}\ |\ \underline{6\ 5}\ \underline{2\cdot 5}\ |\ \underline{4\ 4}\ {}^{b}2\ 0\ |\ \underline{6\cdot 5}\ \underline{2\ 5}\ |\ \underline{3\cdot}\ \underline{5}\ \underline{4\cdot 3}\ \underline{2\ 0}\ \underline{1\ 1\ 2}\ |$$

立 楼（呵） 要 数（哟） 锣上 难，俯 着 杂 木 悬 木（的）得（主 领哪）

$$\underline{6\ 6}\ \underline{2\ 1\ 2\ 3}\ |\ \underline{2\ 0}\ \underline{6\ 2}\ |\ \underline{5\ 5}\ \underline{3\ 6}\ |\ \underline{3\ 5\ 3\ 2}\ \underline{1\ 0}\ |\ \underline{1\ 1\ 2}\ \underline{6\ 6}\ \underline{2\ 1\ 2\ 3}\ \underline{3\ 0}\ |$$

童儿 到北 林， 砍到 悬树 的 一（的）楼， 再 领哪童儿 往 西 林

$$\underline{3\cdot}\ \underline{5}\ \underline{4\cdot 3}\ |\ \underline{2\ 0}\ \underline{1\ 1\ 2}\ |\ \underline{6\ 6}\ \underline{2\ 1\ 2\ 3}\ |\ \underline{4\ 0}\ \underline{4\ 2\ 4}\ \underline{2\ 4\ 1\ 3}\ |$$

砍到 悬 根 树 二（哟）根 再 领（哪）童儿 到 东 林， 砍 到 悬 树 扣

$$\underline{3\ 2\ 3}\ \underline{1\ 1\ 2}\ |\ \underline{6\ 6}\ \underline{1\ 3}\ |\ 1\ 0\ 0\ |\ （锣鼓谱四或谱五）$$

三 根 再 领（哪） 童儿 到 家 林。

谱子二十二

曲十三 1=♭B 2/4

66 | 13 | 20 6·5 | 2·5 3·5 | 4 ·3 | 2·0 | 15 | 6 | 55 |
到来(哟) 林, 砍倒 槐树树(哟)四 (哟) 根, 再捕 会儿到中

6·5 | 5 223 | 55 30 | 5·43 | | 5 | 60 2·5 |
(哟) 林 砍到 槐树树 的五根,注路向担心不怎

4·3 2·0 | 0 355 | 62 ™ 3 | 3·1 | 11 2 | 6 22 6 |
上(哟)山, 山上恐龙 三手(哟)在 过路的 旅客 不敢

2 15 | 22 65 | 23 3 | 3·1 | 11 2 62 | 2 6 2 |
看, 只听说 恐龙 三殷 (哟) 样, 过路的行人 抬头瞧,

22 4 55 | 62 ™ 3 | 3·1 0 | 11 2 66 | 25 2 | 2 6 62 |
一条恐龙 三里(哟) 三, 太阳出来影对影,五牙飞公

6·2 62 | 23 3 | 3·1 0 | 11 2 66 | 24 2 | 2·1 |
不敢逗哟 一逛, 打不过武装,脸对脸,老虎凶禽

62 ™ 3 | 3·1 0 | 11 2 55 | 15 1 | 12 62 | 62 ™ 3 |
不敢(哟)去, 张哪儿黑老, 没敢看,李那么屁没敢(哟)劲,

3·1 0 | 11 2 46 | 11 2 46 | 60 7·2 | 6·2 ™ 3 | 3·1 0 |
劲, 只有那张郎 胆子太不怕 它, 竟然 一步成的神仙,

11 15 1 | 15 2 | 32 11 | 6·5 ™ 3 | 3·1 0 | 12 ™ 3 |
瞎 子眼前 开眼口, 君子面前 不敢礼哟言, 诸一 郎来

1·5 ™ 6 | 60 | 565 | 3 ™ 51 | 5·1 | 565 0 | 50 0 |
呼一(哟)声, 老老 实实加哟仙。

谱子二十三

　　后接锣鼓谱一、谱二、谱三。舞师后面的唱腔曲调同前，但是唱词略有不同，且十分庸俗、因此略写。

发　媒

（锣鼓接回谱五）

谱子二十四

曲十五　1=F 2/4

$\dot{1}$ 6 $\dot{1}$ | 6 5 $\overset{\frown}{}$ 3 | 2 2 3 5 3 | 2 2 5 4 5 | 3.5 2 $\dot{1}$ ‖

歌一阵（采　的）走（呀）一阵，我　对客人说　根源

$\underline{1}$ $\underline{1}$ 2 6 $\dot{1}$ | 2 3 2 | 1 1 3 5 3 | 2.5 3 | 3 2 1 2 2 3 |

中间的道路　有几　弯？仙不　知道　神（啊）　知　道,道路高

5 $\dot{1}$ 1 1 2 3 0 | 5 5 2 | 5 5 3. 4 | 3 5 3 | 3 2 1 1 1 1 |

上空有几朵云？几个　弯弯九（呀）朵　太（那），弯弯

5 $\dot{1}$ $\dot{1}$ 2 | 1 0 5. 5 | 3.5 2 5 | 2. $\dot{1}$ | 1 1 1 5 $\dot{1}$ |

拐过有什　么? 拐过　便九的　条河，忙花（哪）后儿

1 3 2 0 | 5.3 5 4 | 5.2 2 $\dot{1}$ | 5 2 3 5 | $\overset{\frown}{}$ 6 5 $\overset{\frown}{}$ 6 $\dot{1}$ |

来分辨，神仙能知　天下呀事，你如果 不信,神 （呀）

7 $\overset{\frown}{}$ 5 2 2. 3 | 5 6 | 3 5 | 2. ‖

和仙,做起　啥事　也不（呀）成,

（锣鼓谱一谱二谱三）

谱子二十五

以后的曲子同前，但唱词不同。

（3）舞蹈动作

立楼舞、发蝶舞以及搭桥舞都是同样的舞蹈动作，使用的道具也相同，只是唱词不同。

在神龛前放一张小桌，桌上放一刀纸、一盒卫生香、两只点燃的红蜡烛、一个瓷碗，碗内装一本文书。

舞师在锣鼓声中出场，不停摇晃手中的大牌（图4-31）。

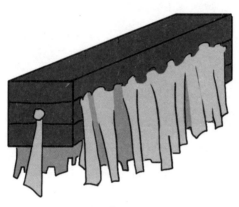

图4-31

舞师以"七步半"步法沿S形路线走，须边唱边走，在十小节内完成（立楼等三种舞是在家中跳，其动作比较压抑，只在方圆一平方米左右的院子内走动）。

第一至第三小节，舞师向右走两步，以左脚为定点转身120°，手持大牌不停地摇动（图4-32）。

第四至第七小节，舞师向前走三步半，然后以右脚为定点，向右转60°。

第七至第十小节，舞师向右走两步，然后在十小节内沿路走回。

回到桌前，舞师点上香，然后又持香向各个方向再插一支香（插香时的步法由舞师自行决定）。插完香回到桌前，把桌上的纸取部分点燃，又沿着插香的路线撒火苗。

回到桌前，舞师把文书取出做念的动作，此时大牌放在桌子上，舞师沿S形路线前进（图4-33）。

舞师把文书放于桌子上，面向神龛作揖，然后做一个前滚翻，结束此舞（图4-34）。

图4-32　　　　图4-33　　　　图4-34

（4）舞蹈场记说明

舞师　桌子

音乐包含锣鼓和唱腔两部分。锣鼓谱包含谱一、谱二、谱三、谱四、谱五；曲谱包含曲十一、曲十二、曲十三。

随着锣鼓伴奏，舞师从台左侧出场，绕桌子走一圈，步数由舞师自行确定（图4-35）。

舞师唱曲十一，沿S形路线以"七步半"步法前进，并沿路返回（图4-36）。

唱曲十二时，舞师按自己确定的路线向四周插香、撒火苗。

唱曲十三时，舞师做念文书的动作，沿S形路线前进（图4-37）。

在结束的锣鼓声中，舞师面朝神龛作揖，以一个前滚翻动作退场（图4-38）。

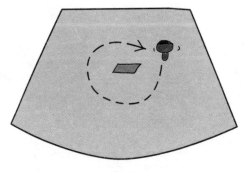

图4-35

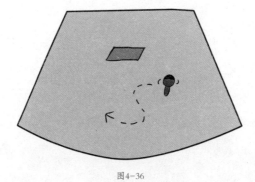

图 4-36

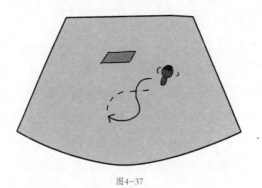

图 4-37

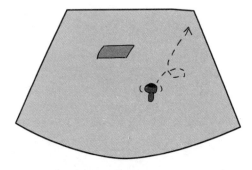

图4-38

（5）服装、道具和人员配备

服装：舞师身着红袍，头戴头扎帽，手拿大牌。

道具：大牌一个、头扎帽一顶、木桌一张、瓷碗一个、文书一本、香一把、红烛一对。

大牌是立楼舞的主要道具之一，在一般情况下，舞师须随身带着。大牌的做法如下：

用四块长四十厘米、宽十厘米的木块钉成一个长方体，两头也适当用木块顶上，然后用红布把它全部包扎起来钉好，再用各种颜色的布条（均长约四十厘米）钉于四周，共钉三十六条布条，其中两头各钉一条，两条长边各钉十七条（图4-31）。

头扎帽在立楼舞、发蝶舞、请水舞、搭桥舞、《放五仓》等舞蹈中均要用到。

人员配备：舞师一人、伴奏三人，共四人。

图书在版编目（CIP）数据

老戏：青川县民俗表演艺术 / 青川县文化馆主编
.—重庆：重庆大学出版社，2019.3
（城市文化系列）
ISBN 978-7-5689-1126-9

Ⅰ.①老… Ⅱ.①青… Ⅲ.①风俗习惯—表演艺术—
研究—青川县 Ⅳ.①K892.471.4

中国版本图书馆CIP数据核字（2018）第114567号

老戏——青川县民俗表演艺术
LAOXI
QINGCHUAN XIAN MINSU BIAOYAN YISHU

青川县文化馆　主编
晴天小树　绘

图书策划：时光里
策划编辑：张菱芷
责任编辑：刘雯娜
书籍装帧：胡斳一　魏楠滢
责任校对：关德强
责任印制：张　策
*
重庆大学出版社出版发行
出版人：易树平
社址：重庆市沙坪坝区大学城西路21号
邮编：401331
电话：（023）88617190　88617185（中小学）
传真：（023）88617186　88617166
网址：http://www.cqup.com.cn
邮箱：fxk@cqup.com.cn（营销中心）
全国新华书店经销
重庆新金雅迪艺术印刷有限公司印刷
*
开本：787mm×1092mm　1/32　印张：5.5　字数：101千
2019年3月第1版　2019年3月第1次印刷
ISBN 978-7-5689-1126-9　定价：68.00元